John Callanan, S. J.

SOÑANDO CON TONY DE MELLO

Un manual de ejercicios de meditación

Editorial **LUMEN**
Viamonte 1674
1055 Buenos Aires
☎ 373-1414 / FAX (54-1) 375-0453
E-mail: magisterio@commet.com.ar
República Argentina

Colección **Iluminación y espiritualidad**

Título original:
Dreaming with Anthony de Mello.
A Handbook of Meditation Exercises.
© John Callanan, 1997.
Publicado por Mercier Press, PO Box 5, 5 French Church Street, Cork
y 16 Hume Street, Dublin.

Traducción: Marcelo Pérez Rivas
Supervisión: Pablo Valle, Paula Cañón
Diseño de tapa: Gustavo Macri
Armado: Carolina Minetti
Coordinación gráfica: Lorenzo D. Ficarelli

ISBN 950-724-850-1

LIBRO DE EDICIÓN ARGENTINA
PRINTED IN ARGENTINA

A todos aquellos que fueron tan confiados y honestos como para compartir conmigo su ser más íntimo y su experiencia del Misterio que llamamos Dios.

RECONOCIMIENTOS

Este libro se escribió con el estímulo de muchas personas. Quisiera agradecer especialmente a mi familia, por su constante apoyo, y a mi comunidad, por su paciencia. Vaya un agradecimiento especial a mi hermano Bill Callanan, S. J., por sus ilustraciones, así como a Eddie O'Donnell, S. J., y Donal Neary, S. J., por su ayuda, que nunca me faltó. También a la familia Wynne, por su apoyo y ayuda. Recuerdo con gratitud a quienes sugirieron temas e ideas para algunas de las meditaciones y ejercicios de fantasía. En ciertos casos, he usado conceptos o esquemas sin saber a ciencia cierta quiénes son sus autores, y pido perdón a aquellos de cuyos materiales me he valido. Por último, muchas personas, en retiros o talleres, me han contado qué les sucede durante sus momentos de meditación y oración. En la medida en que estas experiencias contribuyeron a dar forma final a mis ejercicios, no puedo dejar de expresarles mi profundo agradecimiento.

ÍNDICE

ÍNDICE DE MEDITACIONES Y EJERCICIOS DE FANTASÍA

INTRODUCCIÓN

Desde la publicación de mi primer libro sobre Tony de Mello, varias personas me han pedido que reuniera algunos pensamientos más sobre ese hombre y su mensaje. Dicen que él los ha inspirado. Empecemos, entonces, con los detalles básicos.

Nacido en Bombay, en 1931, Tony de Mello fue un jesuita de nacionalidad india que ejerció una profunda influencia en aquellos que lo conocieron. Poseemos pocos detalles biográficos, que son difíciles de encontrar, pero él mismo ha dicho que su fe temprana y su entusiasmo por el cristianismo los recibió de manera muy probable de las experiencias que vivió en la India durante su primera infancia. Durante aquellos años muy tempranos, estuvo expuesto tanto a la tradición hinduista como a la budista, que se entrelazaron con su cristianismo sencillo.

Tony de Mello se unió a la Compañía de Jesús en 1947, antes de cumplir dieciséis años. Cuando todavía era un jesuita joven, fue enviado a España por sus superiores, para que estudiara espiritualidad. En ese país fue profundamente influenciado por algunos santos españoles y autores místicos cristianos, sobre todo por Teresa de Ávila y Juan de la Cruz. Sus superiores lo enviaron posteriormente a los Estados Unidos para estudiar psicología. Varios observadores han señalado que la fusión de su formación psicológica, que se concentró en las fortalezas y debilidades de la naturaleza humana, con sus reflexiones sobre las teorías acerca del bien y el mal contenidas tanto en la espiritualidad oriental como en la occidental, le proveyó esa mezcla explosiva que después usaría con sus alumnos.

Durante la última parte de su vida, Tony de Mello dictó cursos y dirigió talleres en el Centro de Retiros Sadhana, cerca de Bombay. También condujo seminarios y talleres de oración alrededor del mundo. Murió repentinamente en Nueva York, en junio de 1987, mientras dirigía uno de sus talleres en la Universidad de Fordham.

Desde su muerte, su estrella ha seguido brillando. Muchos dicen que brilla con un fulgor aun más intenso. Más y más personas parecerían encontrar inspiración en sus palabras y en su espíritu. Yo puedo, personalmente, garantizar el hecho de que Tony de Mello era un maestro y orador explosivo en la esfera espiritual. Poseía el raro don de traer vitalidad y energía espiritual a donde fuera. Esto nunca fue tan evidente para mí como durante su primera visita a Irlanda en 1977. Tony de Mello había causado un tremendo impacto en la Trigésima Segunda Congregación General de los Jesuitas, en Roma. Es probable que por eso el provincial jesuita de Irlanda lo invitara a dirigirse a un grupo de sacerdotes, hermanos y estudiantes locales, en una casa de retiros en la zona central de Irlanda. Casi en cuanto llegó, podía sentirse como electricidad en el aire. Todo lo que tocaba se sentía de manera fresca, distinta. El espíritu que pudo despertar en la primera tarde que pasó con nosotros fue sorprendente, por lo menos para mí. De manera inmediata, los participantes se vieron desafiados en lo más íntimo de sí mismos, porque muchas de las cosas que dijo los obligó a cuestionar lo que se les había enseñado a creer. Años de entrenamiento en el seminario recibieron un fuerte golpe, o por lo menos así me pareció a mí en aquel momento. Muchos pasaron la tarde como bajo un embrujo. Lo que De Mello dijo fue al mismo tiempo refrescante y atemorizante. Dejó en todos una sed de vida que hasta hoy sigue viva en muchos de los que lo escucharon. Si bien algunos no estaban de acuerdo con lo que dijo, creo que muy pocos no fueron conmovidos. Espero que ustedes, al avanzar en los ejercicios y meditaciones que contiene este libro, no sean ni uno ni otro. Se basan y están modelados en el estilo que usaba De Mello.

Que su espíritu siga desafiándonos y estimulándonos.

Los mudras *se usan en la meditación tántrica como un medio para canalizar energía.*

LOS COMIENZOS

Nada es verdadero o falso que el pensamiento no lo haga así.

William Shakespeare

T ony de Mello era algo así como un gurú. Era una inspiración, un faro de esperanza y una fuente de sabiduría. A muchos les dio una nueva vida. Desde su muerte, tanto su obra como la espiritualidad que intentó estimular en otros parecen haberse extendido como un incendio en el pastizal. Pocos pueden dudar que tenía el don de ayudar a que la fe cobrara vida en aquellos que entraban en contacto con él. Quizá tuviera una relevancia especial para la vida de la fe en nuestros días en cuanto a que él se atrevía y podía poner en perspectiva el elemento institucional del cristianismo, lo cual le permitía ofrecer, a quienes lo escuchaban, la oportunidad de buscar y encontrar a Cristo vivo dentro de sí mismos.

A los muchos que no conocen a Tony de Mello o su obra, las preguntas que ante todo surgirán en sus mentes serán, probablemente:

- ¿Quién era este Tony de Mello?
- ¿Cuál era su enseñanza?
- ¿Por qué sus enseñanzas y espíritu han ganado tanta popularidad?

Tal como se menciona en la introducción, Tony de Mello fue un jesuita de la India que tuvo una influencia profunda en muchas de las personas que se encontraron con él.

Resulta evidente ahora, en restrospectiva, que De Mello tocó y cambió de manera profunda las vidas de muchos. ¿Pero cómo lo hizo? Debe haber algo de lo que enseñaba, por lo menos, que sea profundo y de valor duradero. Cualquiera que haya tenido la suerte de participar personalmente en sus cursos de espiritualidad en Sadhana, India, o en sus talleres y retiros sobre la oración y la espiritualidad en algún otro lugar del mundo, dirá que su forma de hablar y el entusiasmo que ponía al hacerlo enriquecían su mensaje y le daban un filo cortante. Durante los retiros que dirigía, nunca perdía el ímpetu, y de manera constante parecía disfrutar y obtener energía de las cosas que enseñaba. Alguien que asistió a este tipo de reuniones dijo de él: "Era un hombre de un amor que conmovía. Podía calibrar los puntos fuertes y los límites de los demás, y era capaz de afirmar o sugerir, de manera gentil, advertencias sobre estilos de vida, con un aire objetivo. Dejaba en libertad a sus oyentes, les infundía el deseo de actuar con osadía, y los dejaba con la habilidad de cuestionar y no aceptar todo tal como parecía a simple vista, ni de manera no crítica, simplemente porque lo afirmaba una autoridad. Era un hombre capaz de ayudar a otros a liberarse. Hacía posible que todos los que se encontraban con él lucharan contra el opresor que llevamos dentro."

¿Qué era Tony de Mello, entonces, como maestro y guía? Decir que era un maestro en el sentido convencional del término podría ser inexacto. Parecía tener la facilidad de abrirles a las personas su interioridad para sí mismas, de manera desafiante, estimulante y visionaria. También podía ser a la vez atemorizante y divertido, como lo afirmarían muchos de los que asistieron a sus retiros y seminarios. He preguntado a muchas personas qué significaron para ellas sus talleres, libros y cintas grabadas, y he recibido un gran abanico de respuestas. Algunos acentúan el concepto de tener conciencia de sí mismos, la capacidad para mirar de manera crítica lo que estaba sucediendo en sus propias vidas. Y éste, por cierto, era un hilo de oro que recorría toda la espiritualidad de De Mello. Otros, que conocieron a Tony de Mello personalmente, citan la fuente de estímulo y celo vivificante que instilaba en sus vidas. Tenía ese raro don de llevar vida a dondequiera que fuera. Sus historias apuntaban directo al centro de la cuestión y al corazón de quienes lo escuchaban. Se las arreglaba para que Cristo fuera real y estuviera vivo en las gentes. Del mismo modo como Cristo infundía una fe viva y valor a las personas que lo escuchaban, De Mello comunicaba al auditorio de sus retiros la certeza de que entre ellos había águilas doradas potenciales. En los talleres y retiros dirigidos por De Mello a los que yo asistí, muy pronto se hacía evidente que algunos entre nosotros no teníamos conciencia de las alturas a las que podíamos volar. Para mí, ésta era otra de las cosas que De Mello veía con claridad: a todos los que se encontraban con él, les estimulaba el desarrollo de sus propios potenciales. Muy a menudo, decía que la mayoría de los seres humanos funcionan apenas a un 2 % de su capacidad. Si a usted esta afirmación le hace sentir temor, les puedo decir que a mí, personalmente, me asustó muchísimo. Señalaba que atravesamos nuestra vida casi en un estado de sueño y ponía a la luz, con toda claridad, el peligro que corremos de nunca despertarnos, nunca darnos cuenta de que estamos dormidos y, por lo tanto, nunca hacer nada para aprovechar la totalidad de nuestro potencial.

Tony de Mello era un liberador. Bendecía y amaba la religión, y sin embargo también ponía en alerta contra sus peligros. Nos pedía vigilar las creencias que la sociedad en general sostiene, así como no dejar de observar la religión institucionalizada, para evitar que ambos factores nos limitaran o discapacitaran. En sus talleres y retiros, recomendaba constantemente que tomáramos nuestras creencias religiosas y las sometiéramos a la prueba del fuego, como se hace con el oro. De este modo, reconoceríamos cuáles se sostienen en pie frente a las realidades duras de la vida de la fe de todos los días, y cuáles eran de materiales menos valiosos, que en un análisis final se descubrirían deficitarias y no nos servirían de nada. Éste era el significado de su trabajo: despertar a las personas a la realidad de su grandeza. Les daba a conocer cuán grandes creía Dios que eran.

En sus mejores momentos, Tony de Mello proclamaba el mensaje de la conciencia plena, y lo hacía de manera brillante. Ayudaba a las personas con las que entraba en contacto a reconocer que eran mejores de lo que ellas mismas estaban preparadas para creer. Para él, la verdadera espiritualidad consistía en despertar. Pese a eso, dudaba de la capacidad de muchos para enfrentar el cambio. "Al hacerme viejo —solía decir—, me resigno cada vez más al hecho de que la gente es como es, y quizá lo mejor sea aceptar este hecho y aprender a vivir con él. Creo que muchos de los problemas que tenemos con los otros provienen de exigir o anhelar o tener la esperanza de que cambien. Lo normal es que no lo hagan. Nacen dormidos, viven dormidos y mueren en su sueño, sin despertar jamás. De este modo, nunca comprenderán la belleza y alegría de la vida."

Negarse a activar el propio potencial es una especie de enfermedad. Tony de Mello constantemente señalaba a Cristo como modelo: Él era fiel a sus impulsos interiores y de manera incansable seguía sus voces interiores. Nosotros debiéramos actuar de la misma manera. Decía: "La responsabilidad por el crecimiento de ustedes está sobre sus propios hombros." Y agregaba: "La mayoría de la gente no quiere ser curada de las dudas que tienen sobre sí mismos, ni de su fracaso. No quieren alcanzar el éxito ni desean llegar a la realización plena de todo su potencial. ¿Por qué? Porque el costo es demasiado alto."

De Mello decía: "Un maestro enseña, pero un gurú guía al individuo a descubrir su propio yo, Dios y la realidad." Hoy necesitamos gurúes, personas que hayan experimentado a Dios ellas mismas y que se sientan lo suficientemente seguras como

15

para guiar a otros hacia el misticismo. Creía que había un lugar para el misticismo en las vidas de todos. La mejor manera de tratar de explicar lo que De Mello quería decir es presentar, de manera directa, algunos ejercicios similares a los que él mismo proponía. Permítanme empezar con uno muy sencillo.

Neti Neti: estas dos palabras sánscritas significan "ni esto ni lo otro" y se usan para recordar al alumno que no debe tomar las apariencias como realidad.

UNA MEDITACIÓN SOBRE MI PROPIA RESPIRACIÓN

Tranquilícese.

Colóquese en una posición equilibrada y cómoda.

Inhale de manera lenta y profunda... cuente hasta cuatro mientras el aire entra, y después deje que el aire salga.

Permita que el aire salga con un profundo suspiro.

Siga con esta forma lenta y profunda de respirar durante un par de minutos.

Quédese quieto... sienta la calma... escuche el silencio... sienta el ritmo natural.

Concéntrese en lo que está sucediendo mientras respira: dése cuenta de cómo el aire es frío cuando entra por sus fosas nasales y tibio cuando sale...

Ahora relájese totalmente y deje que su respiración fluya de manera fácil... sin esfuerzo.

Simplemente, tome conciencia de su respiración natural.

Después de haber pasado un poco de tiempo practicando este ejercicio, tráigase de vuelta a su tiempo y lugar presentes.

LIBERANDO LA TENSIÓN

Muévase lentamente a través de las diferentes partes de su cuerpo, empezando por la frente. Tensione levemente su frente y mantenga esa tensión durante un momento. Entonces, relaje la tensión. Ahora pase a los ojos, la boca, el cuello, los hombros, el pecho, el estómago, las nalgas, las piernas y los pies. Tensione levemente cada parte, una después de otra, sosteniendo la tensión durante dos o tres segundos. Después, relaje la tensión y quédese con esa sensación durante un breve tiempo. Cuando se haya movido por todo su cuerpo, se sentirá muy relajado. Que su mente y su cuerpo se unan en eliminar toda la tensión. Sienta el silencio dentro de usted y, después de un tiempo corto, estire lentamente su cuerpo y termine el ejercicio.

MEDITACIÓN EN LA COSTA DEL MAR

Use uno de los ejercicios preparatorios sugeridos.

En su imaginación póngase, solo, en una costa marina. Deje que su mente piense sobre los muchos aspectos de su vida que han crecido y se han hecho demasiado grandes y fuera de proporción durante el último año. Busque esas falsas cosas grandes. Cuando haya descubierto aspectos de sí mismo que usted quisiera que le ocuparan menos tiempo, pase a considerar si hay aspectos de la vida que usted está descuidando. ¿Cómo se hará tiempo para esas cosas?

Dése tiempo, espacio y soledad.

Como segunda parte de este ejercicio de fantasía, y si no le resulta demasiado amenazador, puede imaginarse en su tumba. Mire las decisiones que usted está tomando ahora desde ese punto de vista.

¡Va a ayudarlo a poner cada cosa en perspectiva!

Mudra *Anajali:* *"Me inclino a la luz que hay adentro de usted."*

El Namaskar, *o forma tradicional de saludo en la India; ambas manos se levantan, unidas, a la altura del pecho, para saludar a los que son iguales a uno, y a la altura de la frente cuando estamos en la presencia de una persona reverenciada, o de Dios.*

PARA EMPEZAR

El objetivo de la meditación es transformarse a sí mismo,
no lograr buenas meditaciones.

Sangharakshita

Ahora, debemos considerar ciertas sugerencias que pueden ayudarnos a rezar. Tal como dijera el cardenal Basil Hume, si la gente rezara solamente cuando se siente impulsada a hacerlo, no lo haría la mayor parte del tiempo. ¿Podemos, entonces, extraer algunos principios y prácticas básicas que puedan ayudarnos? Estas páginas son un intento de hacer precisamente eso. Son, en un sentido, sugerencias muy básicas dirigidas hacia aquellos que están trabajando con grupos de oración pequeños, pero también debieran ser útiles para quienes están intentando orar por su cuenta. He empleado una parte importante de mi tiempo trabajando con grupos de adultos y de jóvenes en ejercicios de fantasía y oración, meditación sobre el Evangelio y ejercicios de tranquilización. Estas personas me han pedido que plantee, no de manera demasiado grandilocuente, cómo puede uno hacer para rezar hoy. Preguntan:

- ¿Puedo rezar?
- ¿Quiero hacerlo?
- ¿Cómo puedo encontrar el tiempo para rezar?
- ¿Dónde debería rezar?
- ¿Cómo se hace para rezar?
- ¿Qué cosas pueden ayudarme mientras rezo?
- ¿Cuál es la mejor manera de ayudar a grupos de oración?

En un intento de responder a estas preguntas, aquí van algunas sugerencias básicas.

Encuentre un lugar

Lo primero que tiene que hacer es encontrar un lugar. Necesita un ámbito que sea lo suficientemente tranquilo y silencioso, y no demasiado frío, donde tanto usted como los demás participantes se sientan seguros. Ayuda tener una alfombra sobre el piso, así como algunas sillas con el espaldar vertical. También ayudaría una cierta cantidad de almohadones. También recomiendo un tipo de iluminación en la habitación cuya intensidad pueda bajarse, para crear una atmósfera adecuada. A esto le agregaría algunas velas, tanto por su significado devocional como por la atmósfera que se busca crear. Por lo general, también coloco en la habitación una cruz del tipo Taizé, como recordatorio de lo que estoy haciendo. Para que todo esto no le parezca demasiado caro o fuera de su alcance, le cuento que en una escuela que conozco se hizo un centro de oración con estas características. Se puso en funcionamiento la operación, a partir de una habitación vacía, por solamente unos pocos cientos de libras esterlinas, aunque debo confesar que tuvieron que hacer colectas, pedir prestado y buscar precios para conseguirlo todo. Puede ser una buena idea usar todos los días el mismo lugar, siempre que sea posible, porque el lugar elegido asumirá de manera gradual una cierta aura de tranquilidad espiritual.

Encuentre un momento

Cualquier momento es adecuado, en realidad, aunque algunos pueden ayudar más que otros. Muchos encuentran que les resulta útil que el período diario de oración esté al principio del día, porque al finalizar un día largo sus mentes siguen dando vueltas alrededor de las cosas que les han sucedido. A la mañana, por el contrario, la mente está relativamente tranquila. Es útil tener una idea del reloj de su propio cuerpo. De este modo, sabrá cuál es el momento que más le conviene para rezar. Cuando se trabaja en un grupo, los distintos miembros del grupo podrán a menudo decir cuándo les resulta mejor. Sus actitudes le harán darse cuenta si el momento elegido es el más propicio o no.

Para empezar la sesión

Es muy posible que el inicio sea la clave. Hay muchas cosas que deben hacerse. Es necesario que los miembros del grupo se acomoden y se concentren. Esto vale de manera particular cuando el grupo está integrado por personas jóvenes. Es necesario tomarse un tiempo para que las oraciones de los participantes se asienten. Al final de cada capítulo, incluyo varios ejercicios introductorios que usted puede utilizar con usted mismo o cuando trabaja con un grupo.

Yo, por lo general, empiezo encendiendo una vela y después oscureciendo la habitación. Muchas veces uso música de fondo, poniendo alguna de las cintas magnetofónicas aptas para la reflexión y la meditación. Entonces, hablo despacio con los participantes, pidiéndoles que se concentren en la tarea que tienen por delante y se coloquen en la presencia de Dios. Sigo hablando en voz baja y lentamente, pidiéndoles que, poniendo lo mejor de sí mismos, adquieran conciencia de lo que están intentando hacer, y muchas veces les pido que se concentren y tomen conciencia de sus ritmos de respiración. Esta introducción lenta y tranquila, por lo general, empieza a aquietar el grupo, transcurrido un momento breve. Si no se lo consigue, sé que tengo un problema grave entre manos, y lo más probable es que utilice el tiempo disponible para hablar con ellos, en vez de intentar un ejercicio de meditación u oración, que ese día tiene pocas posibilidades de éxito. Es mejor volver a intentarlo cuando el suelo sea más fértil, que abortar a mitad de camino.

Si el grupo está intranquilo pero sólo a medias, es posible que siga hablando un rato más, despacio y en voz baja, trayendo a los miembros, poco a poco, a un estado de mayor reflexión y serenidad. En esa condición, es de esperar que puedan encontrar a Dios, o que Dios los encuentre a ellos. No puedo subrayar con demasiado énfasis que tranquilizar al grupo es de fundamental importancia si algo ha de suceder, tanto con la oración como para que tengan una experiencia importante para ellos. Empleo todo el tiempo que pueda ser necesario en el intento de lograr una atmósfera adecuada. En algunas ocasiones usé tres cuartas partes del tiempo disponible en tranquilizar al grupo, y el tiempo que quedaba para la oración. Es preferible, en vez de empezar antes que el grupo esté preparado. Si esto no sucede, creo que las posibilidades de lograr una meditación exitosa son muy pocas o nulas.

Hay una hermosa historia que ejemplifica este punto que para mí es clave. Recuerdo a un domador de leones cuya treta más famosa era poner su cabeza dentro de las fauces de un león, todas las noches, en un circo. En un programa de radio le preguntaron, cuando ya se había retirado del circo pero todavía gozaba de buena salud, cómo había conseguido tener tanto éxito. "Bueno —dijo él—, cada noche, cuando entraba a la jaula de los leones, hablaba en voz muy tranquila con el público que había venido a verme. Pero, en realidad, lo que hacía era trabajar con mi leona favorita, Betsy, justamente aquella en cuya boca un rato después iba a poner mi cabeza. Esperaba, de ese modo, calibrar el estado de ánimo y la temperatura de los animales del grupo. Lo conseguía palmeando a mi leona en los cuartos traseros mientras hacía mis primeros comentarios al público. Mi leona siempre gruñía un poco. Una vez que había empezado el espectáculo, volvía a palmear a Betsy, esta vez en uno de sus flancos. Ella volvía a gruñir. Un poco después, la palmeaba en la cabeza, y escuchaba su gruñido final. Dependiendo de las vibraciones que captaba en sus gruñidos, decidía si esa noche ponía mi cabeza en su boca o no. Así es como todavía sigo teniendo cabeza."

Podría decir algo similar cuando se trata de preparar sesiones de oración y fantasía con jóvenes. Los primeros minutos se utilizan para poner a prueba la atmósfera y el temperamento del grupo. De eso depende hasta qué nivel de profundidad intentaré llegar a la oración con el grupo.

Control de la respiración

Tony de Mello solía decir que en la oración al estilo oriental la propia respiración era su mayor aliado. Por lo general, empleo unos momentos en describir cómo los participantes pueden tomar conciencia del ritmo de su respiración y controlarlo. Construir un ritmo agradable y regular de respiración puede ayudar a tranquilizarnos. En esto puede ayudarnos imaginar que estamos respirando, hacia adentro y hacia afuera, la llama de una vela. Si tiene una vela a su disposición, colóquela en el centro del grupo. Entonces, entrecierre sus ojos y verá chispas de luz dorada que saltan de la llama de la vela. Imagínese que ésa es la luz del espíritu y respire ese espíritu, hacia adentro y hacia fuera de usted. Sugiero que al principio del ejercicio cada uno cuente interiormente cada inhalación y exhalación. Ayudará con el ritmo de la respiración.

Manteniendo sus labios cerrados, imagine el aire que entra por sus fosas nasales y llega a la parte posterior de su garganta, hasta alcanzar sus hombros y espalda, cómo baja por sus brazos, circulando alrededor de su columna vertebral y luego hasta la parte más profunda de su estómago. Cuando inhala el aire, imagínese que está introduciendo en su cuerpo la paz de Cristo, o la armonía que necesita en su vida, y cuando exhala el aire imagínese que está dejando salir todas las tensiones, frustraciones, enojos y agresiones que puedan haberse amontonado desde la última meditación. Tenga cuidado, no fuerce su mente. Si se distrae, vuelva a traerla con suavidad a concentrarse en el ritmo de su respiración. Sea paciente.

Un segundo ejercicio que ayuda a entrar en foco es imaginar en su mente que está empezando la sesión de oración en la planta baja de un edificio. En su imaginación transpórtese al sótano. Se imagina que está bajando las escaleras, lentamente, escalón por escalón, hasta que haya llegado a un lugar muy hondo adentro de usted, donde puede hablar con su Dios. Si utiliza este procedimiento, debe acordarse, al finalizar la sesión, de volver a traer a los participantes hasta la planta baja otra vez, subiendo lentamente las escaleras, para que puedan regresar, de manera tranquila, al aquí y ahora.

Distracciones

Sin importar el tipo de oración que usted está practicando, es probable que constate distracciones de diverso tipo que invaden su espacio. Cuando nota que esto sucede, simplemente tome nota de esas distracciones y vuelva al lugar donde esté en su meditación. No podemos evitar distraernos, ni podemos pelear contra las distracciones. Si vienen, déjelas venir. Una vez que ha tomado conciencia de ellas, déjelas que se vayan. Puede ayudarlo decir algo como lo siguiente en su interior: "No me interrumpan ahora, les prestaré atención más tarde." Y cumpla con esta cita, porque las distracciones pueden estar intentando de manera legítima decirle algo sobre usted mismo.

En Occidente, la gente por lo general no presta mucha atención al control de su respiración. En Oriente, lo hacen. Saben que nuestra respiración puede estar relacionada con nuestro bienestar físico. Cuando estamos tensos o bajo presión, nuestra respiración se vuelve errátil, anhelante, poco profunda, superficial. Nuestro cuerpo sabe cuál es nuestro estado mental. También lo sabe nuestro espíritu.

Nuestra respiración puede ser superficial o profunda, rápida o lenta. Tome conciencia de cómo es su respiración. Además, cierre los ojos. En la oración, intentamos tranquilizar la mente, que en cierto modo es como un estanque, cuya superficie, cuando la mueven los vientos de la ira o la confusión, no puede reflejar el sol. Cerrar los ojos también puede cerrarnos a las distracciones. Cuando practicamos la meditación, estamos haciendo un esfuerzo mental que necesita un apoyo físico sencillo. No es poco frecuente que nos distraigan dolores en la espalda, o en las piernas. Lo que necesitamos es encontrar una posición que permita al cuerpo sentirse completamente cómodo durante todo el tiempo que lo queramos. Elija una posición que mantenga la cabeza y la columna vertabral erguidas, el cuerpo entero al mismo tiempo tranquilo y alerta, pero también relajado y cómodo. La silla debe tener un espaldar vertical, de modo que las vértebras de su columna se apoyen una encima de la otra. Los más jóvenes a veces elegirán un posición encorvada, pensando que es la más cómoda. A la larga, no lo es. Ni lo es un sofá, pese a sus evidentes atractivos. Muchas veces, yo les muestro a los miembros del grupo un sencillo banquito de oración y les explico que su función es ayudar a la persona que reza a asumir una posición que sea a la vez cómoda y atenta. El banquito de oración, al mantener derecha la espalda, también ayuda a regular la respiración.

Acostarse

Por lo general, no sugiero esta posición cuando trabajo con grupos insuficientemente establecidos y maduros. Si los miembros del grupo desean probar esta posición de oración, es posible que deban traer ellos mismos un almohadón y una alfombra. Entonces, al acostarse, usarán el almohadón para apoyar la cabeza, y pueden usar la alfombra para acostarse arriba o, si lo prefieren, para taparse, si hace frío. Deben mantener derechas sus piernas y poner sus brazos a los costados del cuerpo. Esta posición de oración es muy buena. Pero tiene una leve desventaja, que muy pronto se hará evidente. Se corre el gran riesgo de quedarse dormidos. Para evitarlo, un amigo mío inventó un sistema. Consistía en mantener los dos brazos en alto mientras permanecía acostado sobre el piso. Si empezaba a sentir sueño, los brazos se le iban cayendo hacia el piso y eso lo despertaba antes que el sueño lo dominara del todo.

La posición yoga

En los *ashrams* o centros de oración de la India, la postura ideal para la oración es por lo general la de sentarse en la denominada posición del "loto completo". En realidad, cualquier posición que ayude a un más elevado estado de conciencia se conoce con el nombre oriental tradicional de "mudra", pero la del "loto completo" consiste en siete aspectos que una dama muy sabia de la India una vez me dijo que ningún europeo podría intentar sin producir serios daños a su cuerpo. "Somos entrenados en esa posición desde que nacemos —me explicó—, ¿por qué no prueba el medio loto?" Para probar esta posición necesita un almohadón que sea lo suficientemente firme. Siéntese sobre el almohadon con una pared a sus espaldas. Debe cruzarse cada pierna, con la planta del pie hacia arriba, sobre la otra pierna. La columna vertebral debe estar derecha y erguida. Por lo general, las manos se colocan sobre el regazo, las palmas hacia arriba, una sobre la otra, de manera que las puntas de los pulgares se toquen suavemente. Mantenga sus hombros relajados y los ojos cerrados o entrecerrados.

Escuchar

Empleamos gran parte de nuestro tiempo, consciente o subconscientemente, escuchando. Escuchamos a amigos, a miembros de nuestras familias, a nuestros colegas o asociados, a las personas con quienes nos encontramos en nuestro trabajo cotidiano, o a aquellos que cruzamos en negocios o en la calle. Aun en nuestras horas de ocio, encendemos la radio o la televisión y las escuchamos. También estamos constantemente atentos a los ruidos y sonidos en el trasfondo de nuestro medio ambiente. Por medio de esta actividad, hemos desarrollado ciertas habilidades. Reconocemos las voces de distintas personas, sus actitudes y emociones, su disponibilidad y honestidad. Hemos aprendido a extraer información útil de entre todo lo que escuchamos, y sabemos cómo relacionar esa información con nosotros mismos. En las meditaciones que se describen más abajo, también escuchamos: al espíritu apacible que susurra dentro de nosotros, a nuestro cuerpo y humores que quizás nos estén gritando, y a la voz de nuestro Dios que busca hacerse escuchar entre todo el ruido.

Un antiguo proverbio chino nos dice que la parte más difícil de un viaje es el primer paso, asumir el riesgo de salir. Como con cualquier viaje temible, hay cientos de razones para que usted decida de manera consciente aceptar el riesgo. Sin embargo, según lo recomendaba un experimentado viajero, en último análisis, el mejor consejo es simplemente: "Vaya."

CRISTO ANTE MÍ

En este ejercicio, primero se acomoda y adquiere conciencia de su respiración. Después, cierre sus ojos. Algunas personas tienen mucha dificultad para hacer esto y tiene que recordárseles de manera suave que mantengan sus ojos cerrados o apenas abiertos para evitar las distracciones innecesarias.

Ahora imagínese que Cristo está frente a usted y le habla de manera personal y directa. Tómese su tiempo y deje que las palabras de Cristo lo vayan penetrando lentamente. Podrá experimentar amor o dolor al mismo tiempo, como si Él lo entendiera a usted mejor de lo que usted nunca creyó que pudiera hacerlo. Puede ser una experiencia curativa. Si se pone a llorar, las lágrimas lo liberarán en parte de su tensión.

LA MUJER JUNTO AL POZO
(Juan 4, 5-30)

Lea el pasaje del Evangelio.

Empiece acomodándose y colocándose en la presencia de Dios. Ahora llene su cuerpo con aire hasta su capacidad máxima y después trate de vaciarlo tanto como pueda. Empiece a respirar lentamente y de manera profunda, con los labios cerrados, inhalando y exhalando el aire por la nariz. Cuente las veces que respira, no pensando en otra cosa que no sea la cuenta. Ahora use su imaginación. La imaginación activa permite que el yo participe de manera dinámica en el diálogo entre el consciente y el subconsciente, en nuestro interior. Imagínese en el campo, un día de verano. Está caminando y se da cuenta de que hay un gran pozo semisurgente. Como el día es cálido y usted tiene sed, empieza a beber del agua. Ahora siéntese a la sombra de algún árbol cercano y en su imaginación véalo a Jesús, cansado de su día de trabajo, que se acerca al pozo. Ahora vea a una mujer que viene con un cubo para sacar agua del pozo. La necesita para sus tareas domésticas. Vea cómo Jesús empieza a hablar con ella. La respuesta natural de la mujer puede ser alejarse de ese hombre, por temor o desconfianza. Sin embargo, se establece el diálogo, una vez roto el hielo. La mujer escucha y su corazón empieza a abrirse. Pide a Jesús que le dé de esa agua de vida.

Dése un poco de tiempo y deje que Jesús venga hasta usted. Escuche lo que Él le dice en su imaginación. ¿Qué le pide? ¿Cuál es su respuesta? Ahora cambie su atención y regrese en su mente al día de su bautismo. Mientras el sacerdote derrama agua sobre su frente, sienta el agua fresca y experimente el espíritu dador de vida y el perdón sanador del Padre, que llena todo su ser. Tómese algún tiempo, y experimente los diferentes sentimientos que llenan su interior en este momento. Pase un rato con Jesús y comparta con Él sus sentimientos.

LA MUJER JUNTO AL POZO
(Juan 4, 5-30) Segunda versión

Primero lea el pasaje en el Evangelio de san Juan.

Cálmese, de la manera habitual, y tome conciencia de cualquier sonido que pueda escuchar, proveniente de afuera de la habitación. Después de un tiempo corto, permita que su atención vuelva hacia adentro y tome nota de los sonidos que pueda oír en la habitación. Por último, vuélvase aun más hacia adentro y vea si puede escuchar algún sonido en su propio interior. Quizá pueda escuchar el sonido del aire al penetrar tranquilamente a través de sus fosas nasales. Preste atención a su respiración porque esto va a ayudarlo a llegar al silencio. La palabra reveladora de Dios muy frecuentemente se recibe mejor en el silencio. Habiendo leído sobre la mujer junto al pozo en el Evangelio de san Juan, deténgase en aquellas partes del texto en las que hay algo que lo toca más de cerca. Es posible que se dé cuenta de que Jesús habla con la mujer y le pide algo. Ella se pregunta por qué Él está hablando con ella, porque eso no era lo usual en su sociedad. Ella sabe que es una descastada y cree que hay poco que pueda hacer con respecto a sus circunstancias. Cristo piensa de manera diferente.

Aquí estamos moviéndonos en dos niveles. A la mujer se le está ofreciendo una oportunidad para entrar en contacto con sus anhelos más hondos. Lo mismo sucede con nosotros. Lentamente, reflexione sobre el hecho de que Cristo puede estar también hablándome a mí. Puede estar ayudándome a entrar en contacto con mis deseos más profundos. ¿Se me está ofreciendo a mí el agua de vida? Si es así, ¿dónde puedo yo encontrarla?

El mudra Matayoni: *un gesto de reverencia asociado con la madre Tierra.*

OBSERVÁNDOSE A SÍ MISMO

Quien empezó a hacer algo, ya tiene la mitad hecha.

Horacio

Hay un poblado muy pequeño, en lo más alto del norte de Zambia, que visité hace algunos meses. Varios de sus habitantes me contaron una historia muy bien conocida en su villorrio. Dicen que tenían un muchacho muy simple en su pueblo, que se llamaba Simón. Cuando cumplió los dieciocho años, decidio partir para la capital, Lusaka, porque estaba un poco cansado de la vida pueblerina y, de todos modos, su deseo era ir a hacerse de un lugar en el mundo y reunir una fortuna. Así es como se fue y llegó a la capital. Durante todo el primer día estuvo buscando trabajo para empezar su nueva vida. Pero cuando llegó la noche no había conseguido nada. Estaba igual que cuando había llegado. Decidió, entonces, que lo más sabio sería buscar un refugio para pasar la noche. Hacerlo no le resultó fácil, porque los lugares disponibles eran pocos y por lo general caros. Simón tenía muy poco dinero para gastar. Finalmente, se puso a seguir a las multitudes que deambulaban por las calles, porque pensó que toda esa gente debía estar dirigiéndose a algún lugar donde fuera barato pasar la noche. A la larga, la mayoría terminaba en el *hall* de entrada de la estación del ferrocarril, donde se acomodaban para dormir durante la noche, solos o en grupos. El pobre Simón decidió hacer lo mismo. Pero, siendo un muchacho simple del campo, estaba completamente intrigado por la gran cantidad de gente, una verdadera masa humana, que se iba acomodando a su alrededor. "Con tanta gente amontonada alrededor de mí para pasar la noche —Simón se dijo a sí mismo—, con sus brazos y piernas entrelazados, ¿cómo voy a poder encontrarme a mí mismo cuando despierte a la mañana?" Entonces, siendo un muchacho muy sencillo, se le ocurrió una idea. En su bolsillo tenía un globo. Lo sacó y lo infló, y con un cordel se lo ató a la pierna, pensando que cuando se despertara a la mañana lo único que tendría que hacer era mirar en el aire y donde viera el globo sabría que quien estaba atado al globo era él. Y eso es lo que hizo. Se ató el globo al tobillo y, feliz y contento, se fue a dormir, sabiendo que cuando se despertara lo único que tendría que hacer sería buscar el globo y volver a descubrir dónde estaba.

Por desgracia para él, entre la gente que había en el *hall* de la estación había un bromista que vio todo lo que Simón hacía y, cuando Simón se hubo dormido, fue, le desató el globo del tobillo y, alejándose al rincón opuesto del *hall*, se lo ató a su propio tobillo y se fue a dormir. Cundo Simón se despertó, lo primero que hizo fue buscar el globo alrededor de sí, pero no lo encontró. Después de un rato vio el globo que volaba alegremente por el aire en el extremo opuesto del *hall* de la estación. Y se dijo a sí mismo: "Si ni siquiera puedo encontrarme, estoy metido en un gran problema."

Esta historia ejemplifica de manera muy adecuada uno de los objetivos de la oración. Intentamos hablar con Dios y escucharlo. Observarnos y vernos a nosotros mismos tal como Dios nos ve. En el tipo de oración que Tony de Mello enseñaba, procuramos ser honestos sobre quiénes somos, hacia dónde vamos, y hacer lo mejor que podamos para adquirir una mayor conciencia de cómo nos relacionamos con nosotros mismos, con los que están alrededor de nosotros y con nuestro Dios. Estas características son especialmente manifiestas en los ejercicios de fantasía que a De Mello le gustaba tanto utilizar. Usar la fantasía como una forma de oración es algo bastante novedoso para nosotros, en Occidente, pero era más común para De

Mello, con su trasfondo oriental. Muchos adultos, y especialmente la gente joven, reciben una gran ayuda de esta forma de oración. Por lo menos, muchos de aquellos con los que yo me mantengo en contacto.

Una breve historia puede servir de ejemplo del modo como puede servir para ayudarnos la fantasía como estilo de meditación. Cuando yo era niño, había un río muy apacible que corría cerca de nuestra casa. Mis hermanos y hermanas y yo a veces hacíamos excursiones al río para pescar mojarritas. El método que usábamos era el siguiente. Llevábamos con nosotros grandes frascos de mermelada vacíos y, en cuanto llegábamos a la orilla del río, atábamos un cordel alrededor de los cuellos de los frascos. Entonces, muy cuidadosamente, metíamos los frascos en el agua, fijándonos que quedaran acostados y dejando abierta sus bocas. Los peces pequeños, siendo tímidos pero muy curiosos, empezaban a circular alrededor de las bocas de los frascos. Nunca nadaban en el interior de los frascos pero sí se tentaban a tocar con sus trompas los bordes de la boca, por el lado de adentro, para inspeccionar ese nuevo objeto que había aparecido en sus dominios. Ése era el momento que nosotros esperábamos. Estimando a la perfección el instante adecuado, sacábamos los frascos rápidamente del agua, tirando del cordel. Cuando, finalmente, teníamos los frascos en nuestras manos, estaban llenos de agua muy turbia y barrosa. Aun sosteniéndolos en alto a contraluz, no podíamos realmente ver si habíamos atrapado algo que valiera la pena. El paso siguiente era caminar de vuelta a casa con los frascos llenos de esa agua turbia. Dejando los frascos en algún lugar para que el barro se asentara en el fondo durante la noche, a la mañana siguiente nos levantábamos y veíamos que mientras dormíamos un milagro había sucedido. El agua barrosa, si se la deja quieta en un frasco, se va asentando y se aclara. Eso era lo que sucedía en nuestros frascos. Por haber dejado que las cosas se asentaran durante la noche, el agua se había purificado por sí misma y ahora podíamos ver si el frasco contenía alguna forma de vida que valiera la pena o no.

La oración practicada como un ejercicio de fantasía puede tener un efecto similar sobre nosotros. La mayoría vivimos tan atareados y apresurados que no nos damos el tiempo necesario para que las cosas se asienten en nosotros, y nos resulta muy difícil saber cuáles son los elementos verdaderamente importantes en nuestras vidas. El don de la oración como un ejercicio de fantasía puede darnos una oportunidad para tomarnos nuestro tiempo, permitir que nuestro interior se aquiete y entonces, en la quietud, Cristo puede revelársenos. Como dice Kafka: "Tengo el deber inescapable de observarme a mí mismo. Si hay otros que me observan, es natural que yo mismo también deba observarme. Si nadie me observa, tengo que observarme yo mismo con mucha más atención." San Ignacio, en su autobiografía, dice algo parecido. Explica que necesitaba de manera regular tomarse algún tiempo solamente para quedarse quieto y reflexionar sobre lo que estaba sucediendo en su vida. Consideraba que éste era un ejercicio vital y sostenía que Dios le había dado una gran bendición cuando, habiendo recibido una herida en una batalla, siendo muy joven, se había visto forzado a descansar y recuperarse. Durante este tiempo de descanso descubrió que, mirando hacia atrás y viendo las cosas que habían sucedido en su vida durante el pasado reciente, podía distinguir cuáles aspectos de su vida estaban dando frutos y cuáles eran estériles. "Vuelve a donde encontraste frutos", decía.

En otras palabras, dándonos tiempo para la reflexión, podremos ver dónde el dedo de Dios ha estado dejando marcas en nuestras vidas durante los últimos meses. Sabiendo esto, podremos ver a qué aspectos de nuestra vida debemos dedicarles mayor tiempo y energías si queremos que en el futuro nos resulte más fácil encontrar a Cristo. La idea de tomarnos un tiempo y "simplemente estar" con el Señor, quietos y en silencio, no es nueva, por supuesto. Muchos maestros de la espiritualidad lo recomiendan. Nos aconsejan tomarnos tiempo para simplemente sentarnos, permanecer en silencio, no haciendo otra cosa que mirar y escuchar al Señor. Esto, lamento reconocerlo, es mucho más fácil decirlo que hacerlo. Tony de Mello nos enseñó que, en muchos centros budistas, los fieles emplean mucho tiempo simplemente en estar sentados y mirar. Decía que, cuando él mismo pasó algún tiempo en estos lugares, le aconsejaban quedarse sentado y mirar a los pájaros, o los árboles, o la belleza de la naturaleza. Habiendo pasado yo mismo algún tiempo en un *ashram* budista en la India, me recomendaron hacer más o menos lo mismo.

Algo muy similar sucedió hace algunos años, cuando asistí a un retiro en una casa de oración franciscana. Mi intención era hacer un retiro de silencio de ocho días y le pedí al director franciscano del retiro que me guiara. Para el primero o los dos primeros días, me recomendó limitarme a descansar y relajarme, a "simplemente ser". Yo esperaba que me diera pasajes de las Escrituras para meditar. Pero en el primero y el segundo día no hubo nada de eso. Cuando hice mi visita diaria a mi director de retiro, el tercer día, ese sabio hombre me pidió que trepara a los riscos en las montañas y viera si podía descubrir pájaros anidando, ya que estábamos en la temporada del apareamiento. A esta recomendación siguió, en el cuarto día, que me sentara en la punta de un risco y notara realmente los distintos colores del mar. El quinto día recibí un consejo similar. Tenía que sentarme sobre un roca y ver cómo las formaciones de nubes avanzaban a través del cielo. A esta altura, yo estaba realmente desesperado. Le rogué que me diera algunos pasajes de las Escrituras para trabajar con ellos, pero al director esta idea no lo entusiasmó. Solamente aceptó que dedicara algún tiempo a la oración formal, después de mucho pedírselo. Él, tal como lo comprendo ahora, apreciaba mucho más que yo los impulsos del espíritu. Se había dado cuenta de con cuánta facilidad yo estaba dispuesto a ocuparme en todo tipo de parafernalia relacionada con las Escrituras y no llegar nunca a encontrar al Señor. En mi manía por estar ocupándome en algo, puedo verdaderamente estar impidiendo que el Señor tenga la oportunidad de encontrarse o comunicarse conmigo.

Scott Peck, el famoso autor norteamericano, ha dicho que pasa dos horas todos los días sin hacer nada. Los escritores espirituales a lo largo de los siglos repiten más o menos el mismo consejo. Anselmo, un gigante espiritual que vivió entre 1033 y 1109, subraya el mismo punto.

> Y descansa apartándote en Él.
> Entra en la cámara más íntima de tu alma.
> Ciérrate a todo excepto a Dios
> y lo que puede ayudarte a buscarlo.
> Ahora, todo mi corazón, dile a Dios:
> Busco tu rostro,
> Señor, es tu rostro lo que busco.

San Agustín, un escritor cristiano primitivo quizá mucho más famoso, predicaba un mensaje similar. Recomendó a sus oyentes obedecer el siguiente lema: "Asegúrense de que su vida cante la misma melodía que su boca." Esto quiere decir que su vida puede ser el único libro que otros lean y que no puede estar seguro de que su vida y su boca estén en armonía, a menos que se tome algún tiempo para reflexionar sobre lo que está sucediendo adentro de usted. En realidad, si usted no se toma el tiempo que esta reflexión requiere, puede haber una falta de armonía considerable entre lo que usted hace y lo que usted dice. Bill Johnston, un jesuita irlandés que trabajó durante muchos años en Japón, señala que en Oriente la gente, por lo general, le da una gran importancia a encontrar el tiempo suficiente para la reflexión sobre sí mismos. Un dicho popular allá es: "Siéntese, quédése quieto y en silencio, y esté en paz."

En este libro se presentan muchos ejercicios de fantasía y meditaciones sobre el Evangelio. No se apresure. Dése tiempo para trabajar con ellos y recuerde que, si quiere ver los frutos de su meditación, el dicho de san Agustín sobre hacer que su vida cante la misma melodía que su boca puede no provocarle una situación embarazosa. Tómese tiempo para pensar en su vida y en sus relaciones. Es de esperar que se mantengan en armonía.

Esta práctica de auto-observación y de descubrir si el dedo de Dios ha estado dejando marcas en su vida puede ser a veces dolorosa. Permítame darle un ejemplo. Yo sé que uno de los días que cada año espero con mayor entusiasmo es el de la final de la Copa Inglesa de Fútbol. Me preparo para el evento con gran diligencia. A principios de cada año hago una gran marca en esa fecha para asegurarme de no perdérmela. Cuando el día llega, he hecho todo lo necesario para estar libre y me siento para ver el partido por televisión. Aunque el partido mismo no empieza hasta las tres de la tarde, la presentación televisiva se inicia varias horas antes. Hacia las once de la mañana los canales de televisión empiezan a ocuparse del asunto. Arrancan con tomas de los jugadores y de sus familias, muestran cómo cada uno de ellos llegó hasta la final, cuenta qué desayunó cada uno y otras cosas más o menos triviales por el estilo. Siguen con las camisetas que los jugadores usarán durante el partido, el estado atlético de cada uno y si alguno ha padecido alguna lesión o no. Después de muchas horas de todo esto, finalmente empieza el partido. Debido a la importancia del evento y el nerviosismo de los jugadores, el partido en sí muy a menudo es de baja calidad. No solamente eso, sino que la mayoría de las veces debe jugarse un tiempo suplementario para llegar a un resultado definitorio. Esto significa que, para cuando el espectáculo termina, he estado viendo televisión durante cuatro o cinco horas. Sin excepción, por la tarde del evento generalmente me siento atontado, sin vida y cansado. La experiencia me dice que esto es lo que va a suceder, pero año tras año caigo en la misma trampa. Uno debe ser crítico de sí mismo y honesto si quiere que un cambio de conducta tenga la oportunidad de producirse.

De manera regular, me sucede exactamente lo opuesto. Uno de mis hábitos constantes de los fines de semana es salir a caminar por las montañas, en la mañana. Hay fines de semana cuando las condiciones pueden parecer poco favorables. Aunque me sienta tentado a suspender del todo la salida por el mal tiempo, sé por experiencia que todo el esfuerzo que ponga para asegurarme de que la caminata suceda será más que recompensado. Prácticamente nunca he vuelto de un día de ejercitación física en las montañas sin sentirme entusiasmado y contento por haber salido, aunque el clima haya sido poco propicio.

Cuando pongo en contraste estas dos experiencias, noto que la primera, aunque esperada con ansiedad, me deja con un sentimiento de no haberme realizado, mientras que la segunda, caminar por la montaña y entrar en comunión con la naturaleza, siempre me devuelve con creces el esfuerzo empleado. Sólo dándose tiempo y reflexionando sobre esas experiencias uno puede advertir con exactitud las cosas que el espíritu está tratando de enseñarnos. Muy a menudo, las cosas que uno piensa que van a darle vida en realidad no lo hacen.

San Ignacio era un maestro de este tipo de discernimiento. Creo que Tony de Mello también lo era. Ambos sugirieron formas de oración para que la gente descubriera por sí misma qué cosas les resultaban beneficiosas y cuáles les eran dañinas. Hacían la siguiente pregunta: "¿Cuál es el elemento de la oración que lo ha conmovido?" Teniendo en cuenta esta pregunta, usted podrá descubrir más sobre su vida de fe y dónde Dios está tratando de llegar a usted. Otra manera de decir lo mismo es: "¿Dónde, en mi vida, he estado encontrando frutos?" Regresando a ese lugar, dándole tiempo y prestándole la atención que merece, puedo sacar provecho para mi espíritu interior.

El mismo san Ignacio fue en su época un maestro y guía esclarecido en todo lo relacionado con las cuestiones del alma. Explica en su autobiografía cómo él mismo fue guiado por el espíritu a descubrir y discernir en un último análisis cuáles cosas eran buenas para él y cuáles muy posiblemente le harían un daño permanente. Nos dice cómo, cuando era joven, no tenía un gran interés en la vida del espíritu. Su vida se centraba en la auto-realización. Todo eso se frenó de manera abrupta cuando sufrió una herida muy seria en una pierna mientras peleaba por su príncipe. Corriendo peligro su vida, sus amigos lo llevaron de urgencia a su propio castillo, donde debió guardar cama y pelear valientemente por su vida durante seis meses. Dice que esos seis meses fueron los más importantes de su vida. El espíritu lo guió y le enseñó como un maestro de escuela guía y enseña a su alumno. Aprendió a transferir su lealtad del plano terrenal al celestial. Vio que Dios venía a su encuentro en las situaciones de la vida diaria. Encontró a Dios en todas las cosas.

Lo mismo puede sucedernos a nosotros si aprendemos a observarnos a nosotros mismos y a las cosas que en realidad nos dan vida.

ENCONTRANDO A DIOS EN SU
LUGAR PREFERIDO JUNTO AL RÍO

Encuentre un lugar y un momento tranquilos.

Aquiétese, con los ojos cerrados.

Escuche los sonidos a su alrededor.

Empiece concentrándose en los sonidos que provienen de afuera de la habitación, como el viento, el tráfico, el canto de las aves u otros por el estilo.

Ahora lleve su atención hacia el interior y fíjela en los sonidos que pueda escuchar en la habitación donde está trabajando.

Puede ser que escuche los sonidos que producen otras personas y sus ritmos de respiración, si es que hay otros con usted en la misma habitación. Quizá tome conciencia de cualquier movimiento que hagan o pueda escuchar la música de fondo. Intente asegurarse de que estos sonidos queden en el fondo y no deje que lo perturben. Después de esto, lleve el foco de su atención todavía más hacia adentro y vea si es consciente de cualquier ruido en su interior. Quizá sea capaz de escuchar el sonido de su propia respiración al pasar de manera tranquila por sus fosas nasales, o quizá, si ya ha logrado un grado importante de silencio, consiga escuchar los latidos de su corazón palpitando en su interior.

Mantenga sus ojos cerrados y cuando se sienta listo empiece el ejercicio de fantasía transportándose con su imaginación a uno de sus lugares preferidos.

Use la siguiente imagen: Me imagino que estoy caminando por un camino largo y angosto. Es un camino con mucho tránsito, y en él me encuentro con mucha gente que está caminando apresuradamente, preocupada en sus asuntos, hablando en voz alta al mismo tiempo que avanza por el camino. Todo lo que puede escucharse son las voces altas, y tengo conciencia de que todo ese empujarse y evitar a los otros me hace sentir incómodo.

Experimento la necesidad de escapar y librarme de ellos.

Tengo el anhelo de estar solo, de estar tranquilo dentro de mí mismo y de tomarme un poco de tiempo para estar con Jesús.

Después de algunos minutos, el camino largo y angosto asume un carácter más rural y empieza a haber menos gente transitando por él. Sus voces empiezan a desvanecerse y se hacen menos fuertes. Se confunden y hunden en el fondo. En este punto, llego a un espacio abierto y noto frente a mí una puerta de plata, muy pesada, que conduce a mi lugar preferido. Allí no hay nadie que pueda verse u oírse. Puedo sentir la presencia de Dios cerca de mí. Al atravesar la puerta, entro en una escena campestre. A mi alrededor hay una pradera, con corderos que juguetean. Puede escucharse el ganado que pasta e inclusive pueden oírse los saltamontes, aunque no se los ve, haciendo su trabajo. Es un día templado y brillante.

Siento el pasto en su frescura y la tierra tibia bajo mis pies. Camino hacia un río brillante que corre donde el campo termina, y a través de su agua clara puedo ver piedras y juncos pequeños.

A su tiempo, llego a mi lugar preferido, donde hay un puente que atraviesa el río y donde una de las rocas, mi roca preferida, sobresale del nivel del agua.

La roca está tibia por los rayos del sol, llego hasta ella y me siento encima, sintiendo el barro blando y frío del lecho del río cuando los dedos de mis pies hacen contacto con él. Arrojo una piedra al agua tranquila de un remanso y noto las ondas que se forman en su superficie como resultado de mi acción.

43

Después de un momento, las ondas van desvaneciéndose y, cuando esto sucede, son reemplazadas por un rostro distorsionado y poco claro en la superficie del agua.

A diferencia de las ondas, este rostro se va haciendo cada vez más claro.

Es el rostro de Jesús.

Hablo con Jesús y le digo todo lo que me está preocupando.

La imagen de Jesús sigue sobre la superficie del agua mientras hablo con Él.

Después de un poco de tiempo, el rostro empieza a desvanecerse y el agua sigue fluyendo de manera normal.

Le agradezco a Jesús por el tiempo que estuvo conmigo y tomo el camino de regreso a casa, más satisfecho y feliz que cuando empecé el viaje.

USANDO EL RITMO DE SU RESPIRACIÓN PARA REZAR

Este ejercicio establece un ritmo para su respiración y lo ayuda a prepararse para una sesión de meditación. Tony de Mello a veces mencionaba durante sus talleres de oración que uno no debiera cambiar su ritmo de respiración sino conservar el mismo ritmo todo el tiempo, tomando unos cuatro segundos para inhalar y cuatro para exhalar. Pruebe este ritmo usted mismo y vea si le resulta de ayuda.

Primero siéntese con su espalda derecha, quédese de pie o acuéstese. Respire por la nariz e inhale de manera lenta, sostenida y profunda. Al llevar a cabo el proceso de respiración, inhale honda y lentamente, llevando el aire hasta la parte más baja del abdomen, de manera que pueda sentir cómo su vientre se expande, poniendo una mano sobre el ombligo.

Entonces, con lentitud, deje que el aire salga de usted, desde arriba, en la parte media de sus pulmones. Complete el ciclo de respiración dejando que el aire atraviese la parte superior de su pecho y salga por su boca. El movimiento debe ser suave y fluido. No se fuerce ni se ponga tenso. Normalmente, la inhalación le llevará unos cuatro segundos hasta ser completa y sacar todo el aire, con una breve pausa entre tomar el aire y expulsarlo.

Ahora relájese.

Mientras inhala, repita la frase "Jesús, acuérdate de mí", de manera lenta y en espíritu de oración. Al expulsar el aire, complete la oración "Cuando vengas en tu reino", con el mismo ritmo. Repita este ejercicio hasta que experimente que lo invade una sensación de tranquilidad interior. Sólo póngase en la presencia de Cristo. Después de algún tiempo, podrá usar este ejercicio con facilidad. La primera mitad de este ejercicio, llegar a un ritmo de respiración adecuado, puede usarse como una forma de introducción para muchos de los ejercicios que se describen en este libro.

EL HOMBRE CIEGO
Evangelio de san Marcos (8, 22-26)

Primero, lea lentamente la historia del hombre ciego y su encuentro con Jesús. Ahora asuma una posición sentada cómoda o acuéstese sobre su espalda. Lo mejor es que la ropa que lleva puesta no le apriete por ningún lado, si esto es posible. Tome conciencia de su respiración y vea si es lenta o agitada, profunda o superficial, suave o espasmódica. Observe su respiración como si fuera la de otra persona que está respirando por usted. Al inhalar, sienta la sensación de frescura cuando el aire atraviesa sus fosas nasales. Sígala por los bronquios. Simplemente relájese y sea un observador imparcial de su propia respiración, como si no fuera usted el que respira sino otro respirando en usted y por usted. Dése cuenta de que Dios le está dando el invaluable don de la vida mientras usted respira. No se aferre a él, acéptelo con calma. Esté quieto y en silencio, y deje que Dios siga dándole vida. Cuando exhale, relájese totalmente y de gracias a Dios por la vida que está recibiendo.

Ahora lo invito a convertirse en un ciego. Trate de pensar cómo sería si usted fuera ciego. Imagínese despertándose a la mañana, tratando de encontrar su ropa.

Piense en las dificultades que esto implica. Ahora imagínese haciéndose una taza de té. Cómo haría para llenar la taza con el agua caliente, cómo haría para saber cuándo el agua está llegando al borde de la taza. ¿Cuáles son los sentimientos que lo invaden al aceptar la realidad de su ceguera? ¿Se siente triste, enojado, deprimido, solo o al borde de la desesperación? Ahora intente trasladarse de los pensamientos sobre su ceguera física a pensamientos sobre su oscuridad interior. ¿Qué es la oscuridad dentro de usted? ¿Dónde están sus puntos ciegos? ¿Son espirituales, emocionales, sociales o psicológicos? Ahora trate de imaginarse amigos que desean lo mejor para usted. Le hacen saber que Jesús está cerca. ¿Quiénes son estas personas? Cuando lo llevan hacia Jesús, ¿es usted quien le pide a Él que lo saque de sus tinieblas, o son ellos los que piden por usted? ¿Cree usted verdaderamente que Jesús puede hacer algo por usted? ¿Cree que lo hará? Recuerde que Jesús mismo nos dijo: "Si quieren algo, pídanlo." Cuando se sienta listo, dé gracias por lo que ha recibido o puede llegar a recibir y, de manera lenta, termine el ejercicio.

Mudra *Varada*: *"El otorgamiento de la bendición."*

Uno de los gestos que se encuentra muy a menudo en las representaciones de Buda: simboliza la generosidad con que da su bendición.

LA ORACIÓN QUE TRAE VIDA

Reza de tal manera que merezcas ser escuchado.

Jane Austen

Tony de Mello provenía de una familia de la India que por tradición era católica. Su capacitación como jesuita descansó ante todo y sobre todo en la espiritualidad de san Ignacio de Loyola, el fundador de la Orden. De Mello llegó a ser reconocido, especialmente entre los religiosos y los sacerdotes, como un maestro en el uso de los ejercicios espirituales de san Ignacio, pero en sus talleres y retiros buscaba la vida del espíritu en una variedad mucho más amplia de estilos de oración. Por esa razón, veremos ahora otros estilos diferentes de oración, en la esperanza de que de manera similar también nos motiven a nosotros. No es una lista exhaustiva y aun los tipos de oración que veremos (la contemplación, la meditación de san Ignacio, los ejercicios de fantasía, la oración al estilo de Taizé, el método de oración benedictino, usar un *mantra* o rezar con íconos) solamente se rozan de manera superficial. Mi objetivo es darle una idea de la variedad de estilos de oración, en la esperanza de que usted mismo pueda elegir alguno que sea el de mayor ayuda para usted.

Comentarios generales

Primero: ¿Qué es la meditación? Si usted lee libros sobre el tema, encontrará muchas definiciones. Pero, para mí, la meditación es el proceso de relajar mi cuerpo y mi mente para poder ir tranquilamente hacia mi interior y encontrar a mi Dios o permitir que Él me encuentre a mí. Para que esto suceda, normalmente necesito estar en un lugar tranquilo, por lo menos al principio. Lugares así no son fáciles de encontrar. En esto corremos el peligro de caer en dos trampas. Puede ser que el ruido que nos envuelve sea tan aburrido que no nos demos cuenta de nuestra necesidad de períodos de silencio en nuestras vidas. O puede ser que, debido al ruido de pared a pared que muy a menudo nos envuelve, seamos incapaces de manejarnos en lugares silenciosos aun cuando estén muy cerca.

La esfera de la meditación es un espacio que nos ayuda a concentrarnos en lo que es importante en nuestras vidas, a encontrar el sendero hacia nuestro centro interior. Thomas Merton, el monje trapense, dijo que la meditación no tiene sentido ni realidad a menos que esté arraigada de manera firme en la vida. Por eso, uno de los objetivos de la meditación es alimentar y enriquecer nuestra vida de todos los días, nuestras relaciones con los otros, con Dios y con la vida en general.

La necesidad de un espacio como éste en nuestras vidas se hace más agudo a medida que el ritmo se va haciendo más agitado. Muchos hombres de negocios y artistas, para no mencionar personalidades del mundo del deporte y estrellas de la música, han destacado el peligro de dejar que la vida lo lleve a uno en vez de llevar uno su vida. En la década del 1960, las superestrellas inglesas del *rock*, los Beatles, se encontraron un *maharishi* en una Academia de Meditación que está al pie del Himalaya, y éste les dijo: "Enseño un sistema simple de meditación que les da a las personas una visión de la vida y les permite gozar tanto de la paz como de la felicidad."

Esto era exactamente lo que los Beatles necesitaban en ese momento, si querían mantener algún control sobre sus vidas. Describieron las enseñanzas de su gurú de la siguiente manera: "Meditábamos en total durante cinco horas diarias, dos horas a la mañana y quizá tres horas a la tarde. El resto del tiempo dormíamos, comíamos, tomábamos sol y nos divertíamos.

Te sientas, te relajas y entonces te repites un sonido en tu interior. Eso es todo, no hay más que eso."

Hace unos pocos años yo mismo hice un retiro en un *ashram* en India al que llegaban a recuperar su frescura personas que debían soportar cargas muy pesadas. La enseñanza que nos ofrecían en ese lugar era notablemente similar a la que recibieron los Beatles. Nos recomendaban desacelerar el ritmo, y de esa manera poder recuperar el dominio propio y equilibrar los diferentes elementos de nuestras vidas. Se nos explicaba que la búsqueda oriental de Dios está dirigida hacia el interior del individuo, mientras que la búsqueda occidental se dirige hacia afuera. La tradición occidental sostiene que Dios está separado del hombre, que es superior a él. Pero no sucede así en Oriente. Especialmente en la China ponen el acento en lograr el equilibrio entre el Yang y el Yin (lo masculino y lo femenino). ¿Pero cómo podemos hacer para lograr este equilibrio?

Podemos empezar con la oración. Aquellos entre ustedes que conocen el eneagrama sabrán que, según se dice, el ser humano opera a partir de tres centros. Algunos operamos a partir de la cabeza, otros del corazón, mientras que hay un tercer grupo cuyos impulsos les vienen del vientre. Para explicar lo que quiero decir al hablar de la "cabeza", el "corazón" y el "vientre", hay un ejemplo que puede resultar de ayuda.

Se cuenta la historia de un viaje en un ómnibus escolar durante las vacaciones de verano. Por desgracia, durante el viaje, el ómnibus choca y empieza a salir vapor y humo del motor. Se dice que las personas que operan a partir de la cabeza responden a la situación poniéndose de pie y contando a los niños, para asegurarse de que todos están bien; después los dividen en grupos y, poniendo cada grupo a cargo de un maestro, los hacen salir por la puerta delantera y por la trasera. Muy eficiente, muy bien pensado: con la cabeza. Las personas cuyos impulsos provienen del corazón hubieran, en contraste, reunido a los niños alrededor, los hubieran abrazado, reconfortado y calmado sus temores. Muy afectuoso, pero el ómnibus hubiera podido incendiarse antes de tomar una acción definida. Las personas gobernadas por su vientre hubieran saltado del ómnibus, ellas primero.

Los expertos en el eneagrama sugieren a veces que las personas "cabeza", "corazón" y "vientre" son ayudadas por uno de los tres tipos de oración que voy a describir un poco más adelante. Sin embargo, yo he descubierto, con los participantes en los fines de semana de oración que conduzco, que puede resultar de mayor ayuda aun pensar que todos pasamos por diferentes fases en nuestra vida y que los distintos tipos de oración que voy a delinear pueden ayudarnos según atravesemos por una u otra de esas fases.

Primer tipo de oración:
la oración del noviciado

Este primer tipo de oración debería llamarse, con mayor exactitud, el método de meditación de san Ignacio, pero prefiero llamarlo "del noviciado" porque era el tipo de oración que nos enseñaban y se usaba casi exclusivamente durante nuestro noviciado en la orden jesuita. Poco después de haber ingresado, para que empezáramos con nuestro entrenamiento como jesuitas, se nos asignaba a cada uno un *Angelus* o ángel de la guarda. Este guía era alguien que podía aconsejarnos sobre las maneras de rezar. Un experto en el tema, podría decirse. En realidad, nuestro experto era un compañero novicio del segundo año que ya había tenido todo un año de experiencia con la oración. La tarea del ángel de la guarda era entrenarnos en las formas de meditación, y esto consistía en lo siguiente. Primero, nuestro guía elegía para nosotros un pasaje del Evangelio. Por lo general, era el Evangelio correspondiente a la misa del día siguiente. Durante un tiempo designado para este propósito, una media hora aproximadamente, nos leía el pasaje y extraía algunas ideas que a él le parecían que podían sernos útiles como temas para la reflexión. La reflexión, en un espíritu de oración, debíamos hacerla durante la mañana siguiente. Le daré un ejemplo. Quizá mi guía espiritual había elegido el hermoso pasaje del discípulo que va en el camino hacia Emaús, en el Evangelio de san Lucas. Habiendo leído el texto, empezaba dividiéndolo en cinco secciones, extrayendo una lección de cada una de ellas, de la siguiente manera.

Primer punto. Había dos personas haciendo el camino que conduce a Emaús, con sus rostros entristecidos. Mi guía sugería que, cuando intentara meditar sobre este pasaje a la mañana siguiente, podía quizá reflexionar sobre mi último año de vida y pensar en momentos cuando yo también iba por el camino de la vida intentado llegar a Dios, pero sitiéndome decaído y abandonado, con mi rosto cabizbajo.

Segundo punto. De manera repentina, sin que se dieran cuenta, Jesús aparece en sus vidas. Aquí, mi guía me preguntaba si Jesús, quizá, me había hecho sentir su presencia. ¿No me había dado cuenta yo de ese hecho, como sucedió con los discípulos que caminaban hacia Emaús?

Tercer punto. Mientras los dos discípulos seguían caminando, Cristo empezó a explicarles muchas cosas, de manera que, sin darse cuenta, el espíritu de los discípulos se elevó y se sintieron mejor. Cuando llegó el anochecer, le pidieron al extraño que los acompañaba que se quedara con ellos. Mi guía espiritual me sugería que quizá Cristo había obrado el mismo milagro con nosotros. Quizá nosotros también nos habíamos sentido entusiasmados y llenos de energía, sin darnos cuenta mientras se operaba el proceso.

Cuarto punto. Después que los discípulos convencieron a Jesús para que se quedara con ellos y compartiera su cena, captaron una visión de su presencia mientras partía el pan, pero después que lo hubieron reconocido Él desapareció. Mi guía sugería que quizá yo también hubiera tenido esa sensación de estar en la presencia de Jesús en mi vida, nada bien definido, entiéndase, pero apenas una delicada sugerencia, porque Cristo actúa de maneras muy sutiles.

Quinto punto. Cuando se dieron cuenta de que Jesús había estado con ellos, los discípulos se levantaron y corrieron el camino de vuelta para compartir la experiencia con sus compañeros. Mi guía me pedía entonces que pensara y meditara sobre lo que yo había hecho con el don de fe que se me había otorgado.

Todo esto describe de manera aproximada lo que yo llamo la oración del noviciado o el proceso de meditación de san Ignacio. En este modo de meditación uno sigue de cerca la historia del Evangelio, extrayendo los puntos más adecuados para tener en cuenta y aplicándolos a la propia vida. Esta estructura está muy en el espíritu de san Ignacio y sigue de cerca uno de los métodos que san Ignacio de Loyola describe en sus ejercicios espirituales. Muchos la consideran una estructura que los ayuda cuando los tiempos que dedican a la oración les resultan difíciles.

Segundo tipo de oración: la contemplación

Una forma de oración más íntima que la anterior, aunque basándose también de cerca en las escrituras, se llama "contemplación", la contemplación de san Ignacio o contemplación del Evangelio. Se vale de un conjunto de imágenes y de la propia imaginación activa, dentro del marco de un pasaje de los Evangelios referido a la vida de Jesús.

Al usar este método, uno, nuevamente, elige una escena del Evangelio. Pero, en vez de verla desde afuera como si se tratara de una película o de un vídeo, uno entra en la escena y se vuelve parte de la acción. Imagínese que usted está en el camino a Emaús con los discípulos. Usted escucha la conversación que sostienen, y siente y experimenta su profunda desilusión con la vida. Cuando Jesús entra en escena, usted se da cuenta de lo que sucede, aunque de manera muy vaga.

Siente cómo su propio espíritu se eleva y escucha a Jesús cuando les pregunta por qué están tan decaídos. Usted también empieza a conversar con Jesús e intenta dialogar con Él. Use todos sus sentidos, hasta donde sea capaz de hacerlo, y obtenga todo el provecho espiritual que pueda de este encuentro íntimo con el Señor.

Tercer tipo de oración: la oración al estilo de taizé

Al tercer estilo de oración lo denomino el método de Taizé porque es el tipo de oración que se usa casi exclusivamente en el Centro de Oración Ecuménica de Taizé, Francia. En esencia, implica el uso de una línea de las escrituras cantada en un tiempo lento y repetida una y otra vez. Los efectos favorables a la oración de este cántico son ayudados con éxito por ciertos elementos accesorios ofrecidos para dar color o enaltecer el ambiente. Se elige cuidadosamente el lugar, por lo general una habitación, se lo ilumina con luz muy baja y se puede quemar incienso para crear una atmósfera más propicia. Los efectos del pasaje de las Escrituras repetido todo el tiempo tienden a traer al participante a un espacio más tranquilo o sagrado, donde nuestros caminos y el de Cristo puedan cruzarse. Este método se parece mucho al de los benedictinos, que Tony de Mello describe en su libro *Sadhana*, y no es muy diferente de un método que solían usar los antiguos monjes irlandeses en sus monasterios. Tal como lo describe el padre John Veltri, un jesuita canadiense, los monjes, al despertarse, se dirigían por los corredores a un lugar central de encuentro. Allí se sentaban en silencio hasta que uno de ellos, desde un atril, empezaba a leer un pasaje de los Evangelios. Leía de manera clara y lenta durante un breve tiempo y después hacía una pausa de treinta o cuarenta segundos. Entonces volvía a leer el mismo pasaje del mismo modo, con claridad y sin apresurarse. Volvía a detener la lectura, durante medio minuto esta vez, y después leía el mismo texto una tercera vez. Cuando terminaba la lectura, algunos de los monjes iniciaban el camino de regreso a sus celdas, para meditar solos sobre la lectura. Otros esperaban la cuarta lectura, quizá la quinta, para retirarse, a su vez, a sus respectivas celdas. ¿Qué sucedía? Las lecturas reiteradas del mismo pasaje saturaban la imaginación de los monjes con una escena o una frase de especial energía y color. Esta saturación servía, por supuesto, para minimizar las distracciones y estimular una actitud mental y del corazón que conducía a la oración.

Cuarto tipo de oración:
la oración de "simplemente ser"

Llamo a este cuarto tipo de oración el de "simplemente ser" debido a un incidente que me sucedió hace algunos años.

El método de meditación de san Ignacio había empezado a cansarme y decidí pedirle a un sabio y santo franciscano que me dirigiera en mi retiro anual. Habiéndome dicho que él no sabía nada sobre cómo dirigir a otro en la oración, finalmente aceptó la tarea y sugirió que empezáramos el retiro en ese mismo momento, con una caminata a lo largo de la costa de Donegal. Durante esta caminata me sugirió que le contara cómo era mi forma normal de rezar y cuándo Dios había actuando en mi vida durante el último año. Entonces yo empecé a explicarle, de manera muy complicada, cómo rezaba. Le expliqué en gran detalle el método de meditación de san Ignacio. Mi explicación pareció divertirlo y no se mostró impresionado de manera alguna.

— ¿Pero cuándo se dedica usted realmente a rezar? —me preguntó varias veces.

Por fin, desesperado, yo le pregunté qué hacía él durante su propia oración.

—Ah, simplemente soy —me explicó—, y si me siento un poco distraído quizá tome algúnos pasajes de las Escrituras y entonces "simplemente soy", otra vez, con el Señor.

Esta forma de rezar "simplemente siendo" es tan difícil de explicar como de practicar. He escuchado a varias personas muy experimentadas explicarlo de la siguiente manera: "Me siento frente al Tabernáculo y simplemente lo miro a Él, mientras simplemente Él me mira a mí."

Otros métodos de oración que pueden ser útiles:

El *mantra*

Éste no difiere mucho del método benedictino de oración que usa una frase de las Escrituras para concentrar nuestro pensamiento. En las culturas orientales, a las personas, por lo general, se les da un sonido para ayudarlas a rezar. El cántico budista, el de Taizé o el cántico gregoriano subrayan todos la importancia de los sonidos. Todos se valen de este medio para ayudar a que el participante llegue al silencio interior. El sonido en cuestión es por lo general una frase que se canta, se murmura o simplemente se escucha como un sonido dentro de la mente. Sirve para estimular la tranquilidad que se desea en el momento de ponerse a meditar. Por lo general, el sonido es una frase que invoca el nombre de Dios y podría describirse como una técnica para enfocar la atención, dejando de lado todo otro pensamiento, distracción o preocupación. Una sola palabra o frase repetida una y otra vez como punto de concentración de nuestro pensamiento, el *mantra*, se practica tanto en las culturas orientales como en Occidente. Por ejemplo, en Oriente se usa a menudo la palabra *Aum*. Cada una de las letras de la palabra A-U-M está asignada a una de las tres divinidades mayores hindúes: la letra A por Brahma, el creador. U corresponde a Vishnu, el preservador. La letra M se dice por Shiva, el destructor. De este modo, en Oriente, el *mantra Aum* representa el ciclo completo de la creación y forma parte de la tradición budista y de la hinduista. El sonido se dice de manera lenta y profunda (de tal modo que vibre), para que resuene. Algunos opinan que el *mantra* debe ser un sonido que no tenga significado alguno; otros, que debe significar "paz" o "Dios". El padre Laurence Freeman, un sacerdote benedictino experto en el *mantra* de la oración, dice que lo único que importa es que la palabra o palabras que se elijan sean las justas para el que las usa.

En 1954, John Main, un muy conocido escritor espiritual católico, recibió las enseñanzas de un maestro santo de la India, estando en Malasia. Éste le sugirió elegir una única frase cristiana para sus momentos de meditación, dos medias horas separadas entre sí, durante cada día. Le dijo que se sentara, se quedara quieto y en silencio, entrecerrara sus ojos y se mantuviera relajado pero alerta. Entonces, en silencio, en su interior, debía empezar diciendo una sola palabra. Le recomendó usar el término arameo *Maranatha*, que quiere decir "Señor, ven". Él les aconsejaba a sus seguidores que hicieran lo mismo. A veces sincronizaba esta palabra con su ritmo de respiración. Y agregaba: Escuche la palabra mientras la está diciendo, de manera suave pero continua. No piense en nada, no se imagine nada, en lo espiritual o en cualquier otro campo. Si le vienen pensamientos o imágenes, son distracciones en el momento que usted quiere dedicar a la meditación, de manera que regrese al sencillo trabajo de repetir la palabra. Los otros pensamientos, ideas o imágenes que puedan flotar a través de su mente, déjelos que se vayan como vinieron. Guárdelos para otro momento. Cualquiera sea la distracción, vuelva a la práctica de decir su palabra. La repetición purifica. Es posible que al iniciarse en esta forma de meditación se sienta inquieto y descontento. Estamos tan ocupados en pensar en el futuro, o arrepentirnos de los errores del pasado, que el presente se nos desvanece. Y, si no nos encontramos con el presente, no podremos encontrar ninguna otra cosa.

En los *ashrams* de la India algunas personas le piden al gurú o guía santo que él les dé su *mantra* personal. Otros prueban con diferente frases, hasta que encuentran una que les parece la exacta. El padre John Main, que fue uno de los que popularizó el estilo de oración *mantra* en Occidente, creía que la mejor forma de aprender era a partir de nuestras propias experiencias de vida, y que en la vida de todos hay momentos de crisis, pérdida, muerte, separación o desastre. Debemos enfrentarlos, y sobre ellos tenemos que meditar hasta agotarlos. Subrayaba la importancia de mantenernos fieles a la oración y la meditación en nuestros tiempos normales, porque de ese modo estaremos preparados para los tiempos de crisis. "Ser fiel a nuestro tiempo de oración —decía— es como pagar las cuotas de nuestro seguro en los buenos tiempos y en los malos, porque si no paga sus cuotas cuando todo anda bien, entonces, cuando las cosas se ponen duras, no tiene nada en reserva que cubra sus dificultades." De modo que en la oración del tipo *mantra* permanezca alerta, erguido, pero al mismo tiempo y en todo momento relajado. Puede ayudarlo mantener los ojos cerrados.

Que la cara, los hombros, el cuello y el cuerpo se relajen, porque usted debe sentirse cómodo. Entonces, en silencio, en su mente y corazón, simplemente repita su palabra o *mantra*. Cuando diga la palabra, escúchela usted mismo y préstele toda su atención. Diciendo la palabra, usted alcanzará el silencio. Si algún pensamiento le viene a la mente, déjelo irse. No es un tiempo para pensar. Deje que sus pensamientos, si le vinieran algunos, se vayan como vinieron, y vuelva una y otra vez, de manera humilde y fiel, a la palabra *mantra* que se le asignó o que usted ha elegido. El silencio cambia, o podría cambiar, la imagen que usted tiene de Jesús, y puede darle una relación más íntima con Él. No se desanime si rezar le parece difícil. Dios hablará con usted a su propia manera.

Es importante que después del silencio tenga una manera formalizada de volver al ruido y los apresuramientos de la vida normal. De ese modo, evitará el choque repentino que puede producirse si regresa abruptamente al aquí y ahora. Podría producirle incomodidad física, mareos o confusión. El regreso a la vida de todos los días después de un período de oración debe ser suave y gradual. He notado, especialmente con los niños en las escuelas, que si no se da suficiente tiempo y atención a la etapa de regreso, el resultado puede ser, después del tiempo de meditación, una sensación de opacidad y somnolencia.

¿Cuáles son las dificultades en estos tipos de oración y meditación? Si bien la mayoría de los escritores de espiritualidad nos entusiasman diciéndonos que la práctica de la oración nos pone en contacto con nuestro yo interior más profundo y con nuestro Dios, muy pocos negarían que se pasan mucho tiempo sintiéndose desilusionados por los pocos progresos que se logran. A muchos los atemoriza la dureza del trabajo que significa este aprendizaje, y puede ser que los cambios interiores aparentes sean escasos. La mayoría busca resultados demasiado rápidos. Puede ser que los cambios se produzcan después de transcurrido algún tiempo y, aun así, no en la medida o al ritmo que esperábamos. El cardenal Basil Hume, un benedictino inglés, dijo que Dios no siempre nos habla en los momentos de oración pero lo que sí hace durante la oración es ablandar la tierra, por así decirlo, de tal modo que el crecimiento fértil sucede fuera del tiempo que dedicamos a la oración.

También pueden descorazonarnos las distracciones que parecerían ocurrir con una frecuencia perturbadora durante los tiempos de oración. No podemos impedir que nuestra mente vague, y somos como alguien que lleva a pasear un perrito cachorro. El cachorro parecería estar llevando a su dueño en una especie de alegre baile. Del mismo modo, nuestras distracciones parecen controlarnos, y no nosotros a ellas. Recuerdo a un sacerdote zen que decía que, cuando le surgían pensamientos que lo distraían de su meditación, él no hacía intento alguno por alejarlos. Se limitaba a dejarlos que se fueran por su cuenta. Se valía de un antiguo proverbio de la India para estimular a sus oyentes: "No puedes hacer que los pájaros dejen de volar alrededor de tu cabeza, pero sí puedes evitar que hagan nido en tu cabello."

Pero, si las dificultades de la oración aparecen pronto, también los beneficios. Nos puede ayudar tanto a eliminar el estruendo que a menudo parece haber en nuestras cabezas y a crear un espacio calmo en nuestros corazones, como a abrir un lugar en nuestro interior donde podamos hablar con nuestro Dios, y con nuestro yo profundo.

La invitación a penetrar en lo más hondo del corazón y profundizar el silencio va dirigida a todos, no solamente a aquellos que poseen una naturaleza de por sí contemplativa. Si podemos infundir en nosotros mismos el valor que necesitamos para la escuchar en el silencio interior, y si creemos que el Señor nos habla al corazón, las dificultades podrán ir desapareciendo y disminuirán en intensidad. Como Cristo mismo lo dijo: "Si solamente supieran quién les está hablando, ustedes mismos pedirían el agua de vida, porque brota para vida eterna."

La oración de Jesús

Esta forma de oración aparentemente data de los primeros siglos de la historia de la Iglesia, pero era poco conocida o practicada hasta la publicación en Occidente de *Relatos de un peregrino ruso*, aproximadamente en 1925. El peregrino ruso del siglo XIX que escribió este libro habla en él de su descubrimiento de un proceso de oración ininterrumpida, mantenida en secreto. Tony de Mello tiene el crédito, según el padre Vallés, un jesuita español que trabaja en la India, de haber sido quien introdujo a los cristianos de la India a la práctica de la oración de Jesús. El método consiste en tomar la frase "Señor Jesucristo, Hijo de Dios, ten misericordia de mí, pecador", usándola como *mantra*. La mente y el corazón repiten estas palabras de manera continua, por eso este formato de oración a veces también se conoce como "la oración del corazón".

Usando un ícono

En este tipo de oración usted simplemente pone la imagen frente a usted, se trate de un crucifijo, de un ícono, de la cruz de Taizé o de algún otro objeto religioso. Cuando la mente empieza a divagar, la visión del ícono la devuelve al tema en consideración.

Ejercicios de oración por medio
de la fantasía

Ésta es una técnica que devuelve la imaginación al individuo.

Es un estilo de oración muy apreciado por Tony de Mello, porque nos hace más fácil ver partes de nosotros mismos que de otro modo podrían ser demasiado amenazadoras. También nos ayuda a encontrar a Dios en situaciones donde de otro modo pasaría inadvertido.

Si usted trabaja con grupos de gente joven, notará que algunos de ellos, como también ciertos adultos, poseen una vida de fantasía que es mucho más vívida de la que experimenta el resto de nosotros. Para la mayoría de las personas, las imágenes mentales son pálidas y huidizas, y a algunos les resulta dificultoso lograr este tipo de oración. Sin embargo, algunas personas parecen poder conjurar imágenes completas, con los olores, el sonido y las sensaciones corpóreas, hasta el punto de que casi podría hablarse de auténticas alucinaciones, por su riqueza de detalles.

Con un poco de experiencia, la mayoría de las personas pueden extraer grandes beneficios de este tipo de oración y un gozo considerable. Al final de cada capítulo, doy un ejemplo de un ejercicio de fantasía que no debiera exigir demasiado del lector.

MEDITACIÓN SIMPLE PARA LA RESPIRACIÓN

La meditación es una experiencia natural que lo abre a su propia fuente de energía y visión. Incluye el arte de "simplemente ser" y de ese modo ofrece una especie de contrapeso a la presión constante de siempre "hacer". Muchos de nosotros vivimos vidas llenas de presión, que nos impele a trabajar, hablar, triunfar, cumplir con responsabilidades, evitar el fracaso, consumir más y más. Un período breve de meditación puede ayudarnos a disminuir los efectos destructivos de estas presiones.

**Pruebe esta meditación breve
sobre la respiración**

Tome conciencia de su respiración y empiece a respirar de manera lenta y profunda, con los labios cerrados, inhalando y exhalando por la nariz... cuente las veces que respira, no pensando en otra cosa que en la cuenta... hasta llegar a diez... entonces, empiece a contar de nuevo, desde uno, hasta llegar a diez... mantenga su mente fija en la cuenta de las veces que respira... de este modo podrá tranquilizar una mente que galopa.

MEDITACIÓN DE TOMA DE CONCIENCIA
DEL PROPIO CUERPO

Relájese y adopte una posición cómoda...

Preste atención a la forma de su cuerpo... a su posición... sus sentimientos... sus sensaciones...

Empiece por su coronilla... siga por su cara... por sus hombros... su torso... piernas... pies... el punto de contacto de su cuerpo con la silla o el piso... tómese su tiempo.

Ahora vuelva a viajar por su cuerpo, más lentamente... pies... piernas... nalgas... vientre... espalda... pecho... manos... brazos... cuello... cara... cabeza...

Simplemente perciba las sensaciones que haya en cada parte de su cuerpo... empleé una cantidad considerable de tiempo en este ejercicio... déjese ser... solamente sienta... y afloje.

MEDITACIÓN SOBRE UNA VELA

Encienda una vela y empiece a verla en su imaginación.

Note su tamaño y cómo calienta e ilumina la habitación...

La llama tiembla y parece apagarse con la brisa más tenue, pero constantemente vuelve a erguirse.

No se apaga del todo, por supuesto, pese a no ser poderosa ni importante.

Por más oscuras que sean, las tinieblas nunca vencen a la llama de la vela.

El pábilo parece estarse quemando, pero el fuego no lo consume.

Ahora empiezo a imaginarme que yo soy una vela.

¿Cuántos son los atributos de la vela que se aplican a mí?

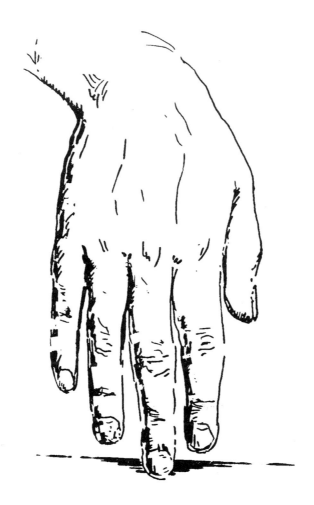

La postura de tocar la Tierra:

Mientras estaba sentado inmóvil en meditación, la voz del Dharma desafió al Buda porque había abandonado sus deberes sociales. En respuesta, como poniendo a la Tierra por testigo de su derecho de estar allí, Buda hizo un gesto con su mano derecha, tocando la tierra con la punta de sus dedos.

PONIENDO SU VIDA EN FOCO

Dentro del silencio, uno toca el corazón de Dios.

Águila blanca

E n mi familia, cuando era joven, nuestros padres nos llevaban todos los años a unas vacaciones de dos semanas, y la ocasión era siempre un gran acontecimiento. Como en otras familias, me imagino, llega un momento en el que los hijos quieren ir de vacaciones por su cuenta y recuerdo muy bien el año cuando eso me sucedio a mí. En esa época, mi hermano más joven tenía catorce años y yo quince, y nos parecía que un viaje haciendo autoestop alrededor de Irlanda era una alternativa excitante, toda una aventura para nosotros. Le presentamos a nuestro padre un itinerario detallado de nuestro viaje y, después de algunas deliberaciones y consulta con nuestra madre, por fin nos autorizaron a llevar adelante nuestro proyecto.

El primer día de nuestras vacaciones salimos en ómnibus hacia la villa de Enniskerry, en las afueras de Dublín. Nuestra intención era hacer autoestop, pero nos pareció que lo mejor para esa primera etapa era empezar en ómnibus. Nuestro conocimiento de cómo era un viaje o cómo haríamos para arreglarnos el resto del camino llegaba hasta ahí. De modo que empezamos a caminar, saliendo del centro del pueblo donde nos dejó el ómnibus. Preparamos nuestros dedos pulgares para hacer señales a los vehículos que fueran en nuestra dirección y salimos a la ruta. Durante la primera hora la cosa nos pareció muy divertida, pero después de un largo rato más nos dimos cuenta de que en realidad ningún vehículo parecía ni remotamente interesado en llevarnos a ningún lado. A medida que empezaba a hacer frío y nuestros espíritus estaban más y más decaídos, nuestro interés por la aventura se fue extinguiendo muy rápidamente. Al final de la segunda hora de nuestros esfuerzos, sin señales de vehículo alguno que se detuviera para llevarnos, el cielo se abrió sobre nosotros en una intensa lluvia. Esa lluvia nos derrotó. No recuerdo ahora si el primero en perder el ánimo fui yo o mi hermano más joven, pero llegamos de algún modo a tomar la decisión de que probablemente una excursión haciendo autoestop no era una idea tan brillante después de todo. Quizá debíamos abandonar nuestros planes, volver a casa y unirnos a las vacaciones de la familia. Caminamos hasta el teléfono público local y, como yo era el mayor, la tarea cayó sobre mis espaldas: llamar a nuestra madre y decirle que habíamos cambiado de planes.

En un sábado por la tarde (y ese día era sábado), lo normal era que mi madre estuviera cocinando y mi padre en el jardín, trabajando en sus plantas, lejos del teléfono. Por eso me tomó completamente por sorpresa cuando mi padre atendió la llamada; probablemente estaba adentro a causa de la lluvia. Le expliqué, a los apurones, cómo había sido nuestro primer día de caminata. Pese a nuestros mejores esfuerzos, no parecía haber ningún vehículo interesado en parar para llevarnos. Le expliqué que mi hermano y yo habíamos decidido que lo más sabio sería abandonar nuestros planes y volver a casa. "Si empezaron, sigan", fue la única respuesta de mi padre, y colgó el teléfono. En cuanto salí de la cabina telefónica, mi hermano me preguntó qué había dicho nuestra madre. "Ella no dijo nada porque fue papá el que contestó, y solamente me dijo: 'Si empezaron, sigan.'"

El mensaje fue duro, pero ha vuelto a mi mente muchas veces durante mi vida. Cuando te sientes tentado a abandonar algo, no lo hagas. Cada vez que cuento esta historia, hay alguien que me pregunta si esas vacaciones no resultaron un desastre. En absoluto. Cuando nos obligamos a volver al camino (no nos quedaba otra opción), un auto se detuvo casi de inmediato y el conductor muy pronto se dio cuenta de que los dos éramos muy jóvenes y que no teníamos experiencia. Nos dijo primero que al hacer autoestop debíamos salir un poco del pueblo o la ciudad, y pararnos en un lugar donde los conductores pudieran vernos fácilmente y donde les resultara seguro detenerse. Cuando le mencionamos el albergue de la juventud donde esperábamos pasar la noche, se apiadó de nosotros y, aunque estaba fuera de su camino, nos llevó hasta la puerta. Después de haber dormido bien toda la noche y de haber tomado un abundante desayuno, ya no miramos hacia atrás y seguimos con nuestro itinerario, como si fuéramos expertos, y volvimos a casa después de quince días, muy llenos de nosotros mismos. Mi madre escuchó contentísima el relato de nuestros viajes y, cuando mi padre volvió, por la tarde, le contó de los éxitos que habíamos tenido. Él no mencionó la llamada telefónica del primer día y por mi madre descubrí, varios años después, que ni siquiera se lo había dicho a ella.

Del mismo modo, un lema útil para nuestra vida de oración podría ser: "Si empezaron, sigan." Puede que no sea fácil. Casi todos los que intentan orar se enfrentan con momentos de duda, desilusión, oscuridad, distracción e inclusive desesperación. Muchas veces se sentirán cerca de abandonar. El mismo Cristo debe de haber tenido una clara conciencia de este peligro cuando eligió a Pedro como cabeza del grupo de sus seguidores. Sabía con cuánta frecuencia sería duro andar por su camino. Su pequeño grupo de discípulos se sentiría tentado a desertar.

Pero también sabía de qué calidad era la decisión de Pedro. Había percibido que Pedro tenía la cualidad de una roca de granito, y confió en eso. Podríamos, en nuestra propia oración, pedir que se nos conceda a nosotros también un poco de la determinación de Pedro.

En el capítulo anterior pasamos revista a algunas formas de

oración que pueden sernos útiles. Tanto san Ignacio de Loyola como el padre Tony de Mello pusieron de relieve una forma de oración que puede ayudarnos cuando nos sentimos cerca de abandonar. Tony de Mello la llamaba normalmente "oración de fantasía". Otros la han denominado "el imaginario ignaciano". Esta oración de la imaginación puede estar basada en los Evangelios o no pero, sea cual fuere el caso, los participantes, al entrar en la fantasía, podrán descubrir cosas muy profundas en sí mismos.

El artista Henri Matisse recibió en una ocasión la visita de un amigo que vino a él con los nervios hechos pedazos. Matisse le dijo: "André, tienes que encontrar las alcachofas de tu vida." Y mientras le decía eso llevó a su amigo al sector de su huerta donde cultivaba alcachofas y le dijo que todos los días, después de haber trabajado duramente, sentía la necesidad de volver a poner en foco su vida. "Necesito estar en silencio, quieto, y meditar. Necesito un ritual que me inspire, que me relaje, que me dé una nueva perspectiva sobre mi trabajo. Todos necesitamos encontrar nuestra parcela de alcachofas."

Hace muy poco, estaba dirigiendo algunos talleres en África y me contaron de los viajes exploratorios que había hecho el aventurero Cecil Rhodes hacia regiones ocultas de ese continente. Me dijeron que empujaba a sus compañeros de viaje y a los cargadores que llevaban sus equipajes, hasta el límite de sus fuerzas. En uno de esos viajes, después de dos o tres días enteros de andar sin detenerse, marchando por la jungla a la velocidad de un hombre blanco, los cargadores tiraron al suelo los equipajes y le dijeron: "No vamos a dar un paso más, porque hemos estado viajando tan de prisa y hemos llegado tan lejos que ahora debemos dejar que nuestros espíritus alcancen a nuestros cuerpos."

Al acercarnos al año 2000, hay millones de personas que están buscando lo mismo que aquellos cargadores africanos o lo que encontró Henri Matisse en su parcela de alcachofas. Buscan serenidad y buscan a Dios en una era de tensiones. Esto vale hoy especialmente para la gente joven, aunque puede ser que ellos no se den cuenta. Parecería que solamente pueden tomar conciencia de esta necesidad de manera muy lenta. Una forma de ayudarlos en esta toma de conciencia son los ejercicios de fantasía.

¿Pero qué son estos ejercicios de fantasía y cómo podemos ingresar a ellos nosotros mismos, o guiar a otros? ¿Cuándo resultan más útiles? En distintos momentos de nuestras vidas, en momentos de dolor o angustia o de especial tensión, o simplemente en momentos sin relieve alguno, la oración de fantasía puede venir en nuestra ayuda cuando ninguna otra cosa parecería poder ayudarnos. Dígale a su mente que se tome unas vacaciones imaginarias. Tómese un momento para hacer un corte breve, tiempo para estar sereno, para refrescarse, para recuperar energía. Muchos adolescentes mayores con quienes trabajo encuentran que esto les resulta especialmente útil durante una semana fatigosa en la escuela. En su mente, usted crea un lugar tranquilo y seguro donde pueda estar solo con su yo más hondo y con su Dios. Una vez creado, podrá volver a visitar ese espacio o lugar con la frecuencia que quiera.

EL SILENCIO

A fin de ver cómo puede funcionar esto, tómese un poco de tiempo y pruebe el ejercicio siguiente.

Usted mismo encuentre un lugar adecuado, siéntese y cierre los ojos. Respire de manera tranquila y lenta, y deje que todo su cuerpo se relaje. Si es posible, use alguna música tranquila para que lo ayude a mantener a su imaginación en su lugar. Cuando haya conseguido calmarse, visualice algo que disfrute y le resulte tranquilizante. Podrá imaginarse a usted mismo en algún lugar que le sea particularmente agradable y tenga sobre usted un efecto relajante, a la orilla de un río o del mar, lo que prefiera. Use su imaginación para que el clima tome color. Puede ser un día de verano dorado o puede estar en la semipenumbra tranquila de un atardecer. De cualquier manera, elija su fantasía en algún lugar donde se sienta seguro. Cuando tenga esa visión en su imaginación, explórela.

Haga más profunda la percepción de sus sentidos. ¿Puede oler algo? ¿Qué sonidos oye? Tome nota de la hora del día, si es la mañana, o la tarde, o el mediodía. ¿Puede sentir el calor de los rayos del sol sobre su cuerpo?

Tenga conciencia de usted mismo en su fantasía. ¿Dónde está? ¿Está sentado o acostado? Tómese tiempo para cada paso y deje que la fantasía se desarrolle en su imaginación. Siéntase en paz y refrescado por su fantasía y, cuando haya terminado, vuelva al lugar presente y abra sus ojos.

Yo sé que a algunas personas la idea de usar la fantasía como una forma de oración puede resultarles desconcertante. Para otras, su problema es que no pueden poner en funcionamiento su imaginación. El padre Mark Link, de los Estados Unidos, uno de los más conocidos escritores jesuitas sobre espiritualidad moderna, dice que él intentó hace poco un programa de meditaciones de fantasía con algunos adolescentes dubitativos, y el impacto de su curso de un año con ellos fue en verdad sorprendente. Trabajando con alumnos de los últimos años en una escuela irlandesa yo he quedado del mismo modo sorprendido por la facilidad con que entraban en las sesiones. Debiera mencionar aquí que cualquier referencia al Evangelio o a Jesús en los primeros pasos del emprendimiento produce un coro de desaprobación y da por terminado de inmediato el intento. ¡Pero quizás a mí me haya tocado trabajar con grupos particularmente paganos!

De manera que ¿cómo debiera hacer usted para empezar con ejercicios de imaginación, por su cuenta o en grupo? Yo, por lo general, empiezo introduciendo al grupo en el concepto de relajamiento, acentuando lo importante que es encontrar el tiempo y el lugar adecuados si queremos que Dios nos hable en nuestras vidas. Quizá mencione la escena del libro de Samuel (capítulo tres) donde el niño Samuel y su maestro necesitan estar abiertos a la posibilidad de la palabra de Dios en sus vidas, o quizá les describa cómo el mismo Cristo necesitaba períodos de tranquilidad y reflexión en su vida, como lo demuestra el tiempo que pasó en el desierto.

Para que los individuos o los grupos tengan una introducción suave al ejercicio de fantasía, les pido que cierren sus ojos, que tranquilicen sus mentes y corazones por medio de uno de los ejercicios de respiración de los que ya se han descrito, y entonces, como si estuvieran haciendo marcha atrás en un video, que en su imaginación vuelva a pasar la última semana de sus vidas, como si fuera en una pantalla. La mayoría puede hacer esto con facilidad. Lo único que necesitan es volver a las cosas que les sucedieron durante la semana anterior: recordar con quiénes se encontraron, cuáles fueron sus estados de ánimo en las distintas situaciones que vivieron, y cuándo tuvieron conciencia de Cristo o sintieron que Cristo los estaba viendo en medio de todo lo que les sucedió. Recordar la propia vida era uno de los temas favoritos de san Ignacio de Loyola. Tony de Mello también recomendaba ejercicios de este tipo en su Centro de Oración Sadhana. Le decía a la gente que repasaran sus vidas y buscaran los momentos cuando habían encontrado frutos espirituales en el pasado reciente, porque los cambios exteriores en nuestra vida pueden ser muy claros, pero los cambios interiores son menos evidentes.

Para encontrar estos cambios interiores, ayuda entrar en el silencio, porque es el umbral de la verdadera oración.

"Estén en silencio y sepan que yo soy Dios —según dijo el mismo Jesús—, no usen muchas palabras cuando recen, más bien, entren en su habitación y guarden silencio." La invitación a ir hacia lo más profundo de nuestro corazón y de nuestro silencio es una invitación para todos; no está dirigida solamente a los que tienen una naturaleza contemplativa. Es la misma propuesta que recibió la mujer que Jesús encontró junto al pozo: "Si solamente supieras quién es el que te está hablando, tú también me pedirías el agua de vida."

De modo que, a los grupos con los que estoy trabajando, les sugiero que tranquilicen sus espíritus. De ese modo, mi esperanza es que el Señor venga a ocupar su lugar en el vacío que se ha creado. Cada vez más en estos días, siento que la gente expresa un hambre interior y un anhelo por ese lugar central de silencio y paz en sus vidas. Es como si sus vidas fueran un carro que ha perdido su equilibrio. Como cuando sucede esto con un carro, o cuando sus varas no tienen la misma fuerza, manejarla es un trabajo difícil. Muchos se sienten un poco como Scrooge, en el cuento de Dickens titulado "Canción de Navidad". Del mismo modo en que Scrooge se mantiene ocupado para olvidarse de lo que realmente está sucediendo en su vida, muchos de nosotros nos movemos a gran velocidad en nuestra búsqueda de la felicidad. La velocidad y el exceso de ocupaciones son precisamente las cosas que esconden lo que es en verdad importante.

¿Qué puede suceder cuando usted se tranquiliza durante un ejercicio de fantasía? Como con el agua turbia, que si se deja reposar se va asentando y se vuelve clara, lo mismo sucede con nosotros. Si nos damos el espacio y el silencio necesarios, es posible que empecemos a ver lo que es verdaderamente importante en nuestras vidas. Una breve historia servirá de ejemplo en este caso.

Hace poco, una mujer joven le preguntó a su director espiritual si podía dedicarse a la oración, de manera regular, durante un año, porque había ciertas decisiones de su vida por las que necesitaba rezar. Explicó que había pasado algún tiempo en la India trabajando como misionera laica pero que, durante ese tiempo, se había enamorado dos veces y se había comprometido con los dos hombres. En los dos casos sentía que los hombres hubieran podido ser compañeros ideales para su vida pero, cuando las relaciones se hicieron más y más serias, los dos habían roto su compromiso y desaparecido de su vida. Ahora tenía que decidir si quería volver a la India y dedicar su vida a ser misionera laica o si quería seguir abierta, una vez más, a la idea de una relación permanente. Ambos caminos la atraían. De manera que empezó su dieta diaria de oración, manteniendo en mente todo el tiempo su pregunta: "¿Qué hay en mí que hizo que los dos hombres me abandonaran?" Durante meses rezó sobre esa cuestión, buscando una respuesta. Todas las semanas conversaba con su director espiritual sobre lo que le sucedía mientras rezaba y, como no estaba recibiendo respuestas, él continuamente le volvía a recomendar que reanudara su búsqueda. Por fin, después de seis meses, atravesó la barrera. Cuando su director espiritual le preguntó por qué aquellos dos hombres habían roto con ella, le contestó: "Ésa siempre fue mi pregunta, pero no era la pregunta correcta. Ellos no me abandonaron. Fui yo quien los abandoné a ellos." En la calma y el silencio de los ejercicios de fantasía que estaba practicando, consiguió verse a sí misma de manera más profunda y se dio cuenta de que, siendo una persona que estaba dispuesta a enfrentar riesgos y de espíritu aventurero, que vivía la vida de manera plena, tenía miedo de que el matrimonio restringiera su estilo y le acarreara infelicidad. Por eso, en su inconsciente, había abandonado las dos relaciones que mantuvo, y los hombres, sintiendo este hecho casi al mismo tiempo que se produjo y antes que la misma mujer lo supiera, dieron por terminada su relación con ella, antes de llegar a ser heridos en sus emociones.

Las meditaciones de fantasía a veces son difíciles de emprender pero tienen el poder de abrir áreas de nuestras vidas que de otro modo permanecerían ocultas y que podemos llegar a encontrar demasiado dolorosas para enfrentarlas cara a cara. Los participantes en los fines de semana de oración lo expresan de diferentes maneras. En un taller reciente, una persona fue lo suficientemente directa para admitir: "Cuando empezaron las meditaciones de fantasía estuve, al principio, muy confundido; después me cansaron... entonces seguí por mi propio camino." Éstas fueron palabras muy honestas y un ejemplo hermoso de cómo interactuamos Dios y nosotros en la oración. Otro dijo: "Cuando llegaba a la parte más peligrosa para mí, me quedaba dormido. Si yo no lo hubiera notado por mí mismo y si mi director de oración lo hubiera mencionado al principio, me hubiera sentido molesto." Un tercero manifestó: "Lo más esencial que siento sobre los ejercicios de meditación de fantasía es que son un viaje a mi interioridad más profunda, donde, a veces con Jesús y a veces por mí mismo, descubro más sobre quién soy y cuál es el propósito de mi vida."

Un hombre que pasó algún tiempo en Oriente y estudió con un maestro budista dio algunas notas de advertencia a los que estaban emprendiendo el viaje de oración con él. "Se me dijo que siempre quería saber las respuestas como quien quiere saber la temperatura del agua, su densidad y por qué es transparente. 'Algún día voy a conseguir empujarlo hacia adentro de usted —me dijo mi maestro—, porque esta mente de mono que usted tiene debe silenciarse antes que pueda pasarle nada que valga la pena.' "

Cuando su mente se haya aquietado, puede ser que algunas preguntas empiecen a flotar en la superficie. Quizás empiece a interrogarse sobre facetas de su vida durante el año anterior. ¿Cuáles fueron las cosas que me desafiaron? ¿Qué cosas aprendí de mi comunidad o de mi vida en familia? ¿Cuáles eran las áreas de mi vida que necesitaban crecer?

Con la reflexión, ¿he llegado a ver zonas ciegas o áreas de mi vida a las que necesitaba prestarles más tiempo o atención? ¿Qué estaba dando a mi comunidad? ¿Qué me daba vida? ¿Qué me disminuyó hasta casi la muerte durante el último mes o año? ¿Cuáles fueron mis momentos más bajos durante el último año? ¿Cuáles los más altos? ¿Qué cosas no he resuelto? ¿Qué querría hoy haber hecho de otro modo? ¿De haber hecho qué cosas me alegro? ¿Dónde estuvo Cristo en mi vida?

Ninguna de estas preguntas son fáciles de responder. Tratar de descubrir lo que usted verdaderamente quiere de la vida o qué quiere Dios de usted no es una cuestión sencilla. Requiere esfuerzo. San Francisco Javier señalaba esto en una de sus cartas: "Encontrarás a Dios si no descuidas tu conocimiento diario de ti mismo." Dos veces por día Javier practicaba una especie de ejercicio de fantasía, mirando con los ojos de su corazón el día concreto que había estado viviendo. En esos momentos intentaba descubrir dónde, exactamente, Dios había estado presente en sus asuntos. Tomaba su día y lo examinaba desde tres puntos de vista: gratitud, tristeza y esperanza. Sugería que era necesario, ante todo, decidir por qué cosas de ese día uno debía dar gracias a Dios, después recorrer nuevamente el día identificando los momentos tristes cuando se había decepcionado a sí mismo y al Señor, y finalmente pasaba a la esperanza que podía sentir de estar presente para el Señor, de manera más activa, al día siguiente. San Francisco Javier cambió su vida con esta práctica sencilla, porque entendió que uno no se hace santo sólo por las cosas que hace, sino por la calidad con que las hace. Thomas Merton, el monje cisterciense, recomendaba una práctica similar y agregaba: "No preguntes dónde vivo y qué como, sino para qué vivo, y pregúntame qué es lo que pienso que me está impidiendo vivir de manera más plena."

De manera que el silencio y la meditación de fantasía pueden ayudarnos a bajar el volumen del ruido y la confusión de nuestros días, y hacer que no solamente sean soportables sino que también nos ayuden a mantener nuestra vida en foco, a relajarnos, a desacelerar el ritmo, a tomar en nuestra mano la manija que nos mueve y aun a dar sentido a las complicaciones que pueden estar sucediéndonos. No estamos solos en la lucha. Dios tiene planes y puede ser que Él también quiera introducir algunos cambios. El uso de las fantasías y la imaginación, aliadas con una cierta medida de reflexión, en espíritu de oración, sobre el pasado, puede enriquecer nuestras vidas, darnos mayor lucidez para comprender el plan de Dios para nosotros y estimularnos para avanzar hacia el futuro.

LA MEDITACIÓN DEL TEMPLO

Éste es un ejercicio de fantasía interesante. Cuando trabajé con él por primera vez con un grupo en un taller, una mujer que había vivido con su marido en la casa de su suegra durante muchos años me contó una historia sobre otro taller de oración en el que había participado antes. Se le había pedido que imaginara un templo. Durante su oración, se instaló en su mente una secuencia que era como un sueño. En esa secuencia vio un ala extra que se agregaba repentinamente al edificio que estaba imaginando. Sentía que este espacio tenía un gran potencial. Sin embargo, se sentía restrigida en sus movimientos cuando intentaba ingresar a él. Algunos meses después del taller y muy poco después de haberse producido la muerte de su suegra, me escribió para decirme que el sueño había vuelto a aparecérsele en sus momentos de oración y que se había dado cuenta de que ahora era dueña de la casa donde vivía y que su suegra se había ido. Ya no necesitaba soñar sobre un potencial extra.

Ahora ensaye el ejercicio usted mismo.

Prepárese por medio de un ejercicio de escucha. Siéntese, encontrando una posición en la que pueda mantenerse alerta y al mismo tiempo relajado. Respire hondo algunas veces y después escuche cuidadosamente los ruidos que provienen de afuera de la habitación. No haga otra cosa que notar esos sonidos. Puede ser el tráfico, o el canto de pájaros, o el viento. De manera lenta deje que esos sonidos vayan pasando al trasfondo y empiece a concentrar su atención en los sonidos que se producen dentro de la habitación. Quizás escuche el sonido de la música de fondo, o la voz del director del grupo, o los movimientos de los otros. Ahora trate de enfocar su atención aun más adentro suyo y escuche cualquier ruido que pueda provenir de su interior. Al principio, quizá no escuche nada. Entonces, lentamente, es posible que sienta el sonido del aire que entra y sale de su cuerpo a través de sus fosas nasales. Inclusive puede llegar a percibir los latidos de su corazón. Deje que los sonidos y el silencio lo relajen. Cuando lo haya logrado, ponga a trabajar su imaginación. Imagínese que está caminando por un sendero en el campo. A la distancia, puede ver un templo. Dirige sus pasos hacia ese edificio y, como su curiosidad se ha despertado, sube por la escalinata serpenteante que lleva al atrio de entrada. En esta entrada hay muchas puertas. Elegirá una de las puertas y entrará por ella. Se encontrará, entonces, en una habitación amarilla. Cuando está adentro, la habitación se llena de luz amarilla. Respire la luz amarilla. Mientras está respirando la luz, un amigo suyo entra y lo lleva de la mano a otra habitación llena de libros. Cada libro tiene un nombre, y su amigo lo guía por las estanterías hasta llegar a un libro que tiene su nombre en la tapa. ¿Cómo es este libro? Después de un tiempo, su amigo le dice que hay un mensaje en la solapa de la cubierta. El mensaje es especialmente para usted. Usted lo lee. Puede hablar con su amigo sobre cualquier preocupación o problema que tenga. Le puede decir a él, o a ella, todo lo que quiera. Cuando sienta que está listo para irse, su amigo pone en sus manos el mensaje y usted vuelve a la habitación amarilla. Para usted, el amarillo representa la paz. Despídase de su amigo y regrese al atrio de entrada, descienda la escalinata y vuelva a caminar por el campo. Cuando sienta que ha llegado al final del sendero, abra sus ojos y estire el cuerpo, permitiendo que su visión se acostumbre nuevamente a la luz.

Nota importante. Como director de la meditación, su propia preparación es importante para guiar exitosamente a otros en esta meditación. Haga la meditación usted mismo antes de guiar al grupo en ella. De este modo se sentirá cómodo con su estilo y contenido. Hacer la meditación por anticipado también va a ayudarlo a crear el espíritu adecuado para usted y para el grupo. Le dará la confianza de saber que podrá orientar al grupo de cualquier manera que sea necesaria, en el momento exacto. Si se propone guiar esta meditación usted mismo, permita que transcurra el tiempo suficiente para que las imágenes se apoderen de todos y después para la reflexión en espíritu de oración.

LA MEDITACIÓN DEL ESPEJO

Tranquilícese por medio de alguno de los ejercicios preparatorios.

Ahora, imagine que está caminando por un campo. Es la primavera. Enfrente ve un sendero estrecho que lleva a la cima de una elevación del terreno. Cuando llega arriba, encuentra un gran espejo, en posición vertical. Se da cuenta de que el espejo está colocado de frente al sol. Camina alrededor del espejo y advierte que ha perdido partes del azogue. A uno de sus bordes le falta un pequeño pedazo. Le sorprende encontrar el espejo en este lugar y se pregunta qué puede significar. Ahora pase frente al espejo. La cara del espejo está transparente de tanta luz. Se desprende de él tanta luz que si lo mirara de frente lo enceguecería. El sol derrama toda su luz sobre el espejo, sin reservar nada de su poder y brillo. El espejo acepta la luz del sol, tomando tanto como puede de ella. No deja que importen sus pequeños o grandes defectos. Éstos son insignificantes, comparados con la luz que el espejo acepta. Entonces, el espejo devuelve al sol toda la luz que se funde en su corazón. No retiene nada de ella. Ahora vuelva su rostro hacia el sol. En este momento usted está recibiendo la luz del sol, tomando todo lo que puede de ella, e ignora cualquier defecto suyo que le impida la sensación de estar recibiendo luz.

Ahora usted se da cuenta, poco a poco, de la similitud de esta situación con la interacción entre Dios y usted. Dios es el sol. Usted es el espejo. Dios derrama sobre usted muchos dones y usted participa en la acción de Dios en el mundo, en la medida en que puede hacerlo. Usted descansa en este intercambio de luz y amor.

ENCONTRANDO A CRISTO EN LA COSTA DEL MAR

Invítese a relajarse y asuma una de las posiciones de oración recomendadas. Inhale de manera lenta y profunda, y después exhale con un suspiro. Siga respirando de manera lenta y profunda durante unos dos minutos. Imagine el aire cuando entra por sus fosas nasales y desciende hasta su ombligo. Reléjese al exhalar y deje que el aire fluya de manera tranquila. Su conciencia está concentrada, ahora, en su respiración natural. Deje que cada porción de aire entre y salga profundamente, a su propio ritmo. Concéntrese al principio en seguir el flujo de su respiración al penetrar el aire por sus fosas nasales, establecerse dentro de usted y ser exhalado por su boca.

Póngase en la presencia de Dios y quédése allí lo más tranquilo que pueda. Ahora use su imaginación viendo que está solo a la orilla de un mar. Es posible que en su vida haya cosas que de un tiempo a esta parte han crecido fuera de toda proporción. Busque cuáles puedan ser estas cosas. Del mismo modo, es posible que haya aspectos importantes de su vida que está ignorando.

Pídale ahora al Señor paz y tranquilidad en su vida. ¿Cómo puede acceder a ellas? Busque la soledad, porque este don puede darle el tiempo que necesita para tomar las decisiones importantes que debe hacer. ¿Se trata, acaso, de decisiones de las que usted está escapando?

Aléjese de la costa del mar. En su imaginación, ubíquese en su propia tumba y contemple desde esa perspectiva qué le parecen las decisiones que está tomando ahora.

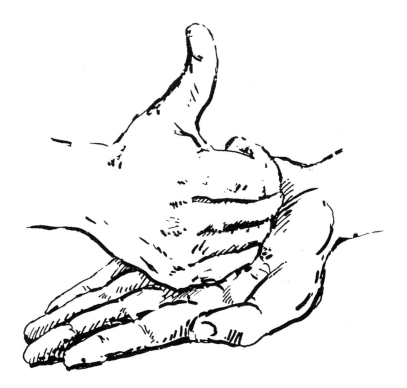

Este mudra *simboliza el poder generativo del* Lingam, *o principio masculino.*

LA CIUDAD SECULAR
AFERRÁNDOSE A LA VISIÓN

Todo lo que sabía era que tenías que correr, correr, correr,
sin saber por qué estabas corriendo.

Alan Sillitoe

i usted está actualmente trabajando con jóvenes, es posible que se sienta impresionado por la dificultad que encuentran para sintonizar la dimensión espiritual de sus vidas. Aun peor, también puede ser que quede impresionado por la medida en que su propia vida se ha vuelto secular. Como una parálisis que se va instalando en nosotros, las ganancias materialistas corroen lo divino. Muchos de nosotros nos sentimos amenazados por esto. Tony de Mello intentó forjar constantemente lazos de unión útiles entre lo secular y lo divino, y él sabía que no era fácil.

El padre John Main, sacerdote benedictino, procuró hacer lo mismo, contando una bella historia sobre un jovencito y su viejo tío que salieron a dar un paseo por su ciudad. La ciudad era muy moderna, llena de hermosos edificios y de gente muy al día. Se llamaba Ciudad Secular y estaba emplazada en un lugar muy atractivo, un valle profundo, con espectaculares montañas a su alrededor. El jovencito y su tío estaban recorriendo la parte más vieja de la ciudad, y el primero se sorprendió mucho cuando su caminata los puso frente a una especie de gran castillo en estado ruinoso. Era raro encontrar eso en una ciudad tan moderna, y el muchacho quiso saber todo sobre ese edificio y su historia. Le interesaba especialmente una parte del edificio, los restos de una escalinata que llevaba a una torre muy grande. Quería saber qué era ese edificio y por qué había llegado a tal deterioro. El tío se mostró reacio a hablar sobre esa torre en ruinas, pero finalmente le explicó que en una época la torre había sido la parte principal del edificio y la construcción más alta de Ciudad Secular, y que desde su cima podía obtenerse la vista más hermosa de toda la ciudad. También le explicó que en ese edificio habitaba un grupo especial de personas que cumplían una tarea muy importante para toda la ciudad. Ciudad Secular está rodeada de montañas y la gente tiende a volverse un tanto aislada, y a pensar todo en los términos de lo que se tiene por normal en Ciudad Secular. Pero hace mucho tiempo la gente que vivía en ese edificio tenía la costumbre de subir hasta lo más alto de la torre y, cuando veían la ciudad desde allí arriba, su visión agregaba una nueva dimensión a la vida de toda la comunidad. La gente no podía entender por qué los monjes que vivían allí atendían escuelas y hospitales, orfanatorios y asilos para los ancianos de la ciudad. El tío creía que tenía algo que ver con la vista a la que tenían acceso desde su torre. La ascensión a la parte más alta de la torre era muy difícil y, con el correr de los años, los escalones se fueron gastando y llegó a ser peligroso tratar de llegar al mirador, arriba de todo. Entonces, los monjes decidieron que tenían que volver a construir la escalinata y allí fue cuando empezaron los problemas. Algunos querían hacer una simple reparación de los escalones más arruinados, pero otros sostenían que era mejor tirar abajo la vieja torre y construir una nueva. Había inclusive algunos a quienes les parecía que sería mejor ponerle un ascensor. Los planes se fueron haciendo cada vez más complejos. Siempre había algunos monjes en el mirador, y otros que estaban subiendo o bajando, pero la discusión sobre lo que debían hacer con la torre les interesaba tanto a todos, que bajaron para participar en ella. No se necesitó que pasara mucho tiempo para que perdieran el recuerdo de la visión desde lo alto, y con ella el proyecto de reconstrucción se abandonó y todo lo que quedaba ahora era la torre vacía. Las escalinata había desaparecido y los monjes se habían ido. A veces hay gente que se acuerda de los monjes y de su visión desde lo alto, pero la mayoría los ha olvidado.

Ésta puede ser una parábola con un significado especial para nosotros hoy. Sin la visión espiritual, los hombres y las mujeres mueren, y la visión no puede mantenerse viva o desarrollarse si no dedicamos tiempo a la oración y la reflexión.

Retener nuestra visión

El cardenal de Westminster, Basil Hume, habló recientemente, en una línea similar, sobre la necesidad de retener la visión por medio de la oración. Cuando habla de la oración, siempre es capaz de iluminar el tema de una manera nueva y refrescante. Dijo que, aun cuando tenía que vérselas todos los días con una cultura secular que puede ser escéptica y esencialmente irreligiosa, todavía mantenía lo que él creía ser una verdad esencial: que todos tenemos un espacio dentro de nosotros que solamente Dios puede llenar. En la Europa occidental hemos marginado a Dios de nuestra cultura, mientras que en la Europa oriental fueron las autoridades las que intentaron expulsar a la religión de su sociedad. Ellos no lo consiguieron, de modo que nosotros, en Occidente, posiblemente hayamos tenido más éxito. Hay algo en el espíritu humano que siempre tiende hacia significados fundamentales sobre el propósito de la vida. Con respecto a aquellos que son escépticos o cínicos sobre este tema, el Cardenal les pidió que miraran dentro de sí y se preguntaran: "¿Cuál es el propósito de mi vida y por qué estoy aquí? ¿Qué sucede después de la muerte?"

El cardenal Hume dijo que para san Benito el primer deber de un monje es la alabanza de Dios. Si nos pusiéramos a pensarlo bien, ése es un deber que corresponde a todas las personas que han sido bautizadas. Puede ser cierto que los monjes viven una vida disciplinada, con momentos del día separados para la oración. Pero también es cierto que todos los que quieran estar en contacto con Dios deben hacer algo similar: encontrar el tiempo, el espacio y el lugar para rezar. Porque, si rezáramos solamente cuando tenemos ganas de hacerlo, no lo haríamos nunca. Aprender a rezar requiere disciplina. Si se persevera, lo que al principio parece una carga, con el tiempo se convierte en un deleite.

Existe, por cierto, el peligro de que lo secular hoy tape a lo divino. Sin embargo, hay acontecimientos recientes que son para mí señales de esperanza. Quizás estemos empezando a darnos cuenta de la pobreza de lo totalmente secular. Hay muchos que cuestionan el modo en que se está desarrollando la sociedad, y algunos sugieren que debiéramos profundizar, calar mucho más hondo que hasta ahora, para redescubrir la importancia de la espiritualidad. Inclusive los jóvenes lo están sintiendo. Necesitamos responder a la intimidad que Dios quiere mantener con nosotros. Éste es el corazón de la religión y debiera ser lo que nos motive e inspire.

Hay muchas pesonas hoy que están interesadas en la oración. Quieren saber qué es y cómo pueden hacer para practicarla. Buscan un significado y un propósito para sus vidas. Más y más están empezando a darse cuenta de que su felicidad personal y su sentimiento de plenitud no se satisfacen con el bienestar material que nos proporciona la gran cantidad de bienes que nos provee la sociedad de consumo. "No sólo de pan vive el hombre." En el corazón de las personas siempre hay un anhelo profundo de significado y propósito. La religión nos pide que respondamos a algo que está afuera de nosotros, esa sensación de Dios que nos llama para que regresemos a Él, esa conversión del corazón para la que el Señor vino al mundo y dijo: "Arrepiéntanse y crean en el Evangelio."

Sinead O'Connor, la popular y controvertida cantante irlandesa, se hizo eco de estos puntos de vista cuando declaró en una entrevista a un periódico irlandés, en 1995: "Me considero como una *Keener*.* Soy alguien que hace llorar su tristeza a la gente. Desde que era adolescente, me cortaba mechones de cabello, y después me corté sectores enteros de la cabellera y llegué al punto de afeitarme la cabeza, porque no había otro lugar a dónde ir. Lo que veo es una pérdida masiva de todo contacto con la espiritualidad. La gente no cree en ninguna clase de Dios. Tengo la sensación de que la manera de vivir la vida debiera ser reconociendo que hay un poder mayor que nosotros mismos, a quien podemos recurrir. Cuando se ha perdido esto, se ha perdido toda idea de cómo vivir la vida." Quizá todos estemos cortándonos pedazos de nosotros mismos porque no somos capaces de vivir con lo puramente secular, ni estamos dispuestos a hacerlo.

Un filósofo estadounidense, Henry Thoreau, escribió: "Muchos hombres viven vidas de silenciosa desesperación porque todos corremos el riesgo de perder totalmente el significado y el propósito de nuestras vidas." Tony de Mello nunca dejó de insistir sobre el mismo tema. Le gustaba especialmente contar la historia de un inventor que un día llega al campamento de una tribu muy antigua. El inventor era un hombre muy bueno y hacía poco tiempo había descubierto una manera simple de encender fuego. La tribu necesitaba el fuego para calentarse y para cocinar la carne que comía. Hasta ese momento, tenían a alguien que estaba encargado exclusivamente de encender fuego con el método muy primitivo de golpear dos piedras entre sí, hasta que saltaba una chispa. El nuevo método del inventor era totalmente simple. Como era un hombre generoso, les mostró cómo podían encender fuego con este nuevo método, de manera mucho más fácil. La gente estaba muy contenta, porque podía ver las ventajas de esta nueva técnica. Los únicos miembros de la tribu que no parecían alegrarse con el nuevo método eran los sacerdotes. Ellos se daban cuenta de que el in-

---

* Keener: en Irlanda, persona que plañe con cantos fúnebres o endechas a los muertos.

ventor, un recién llegado, estaba empezando a ganarse las mentes y los corazones de la gente. Si este estado de cosas continuaba, perderían su prestigio, y su poder sobre la gente se debilitaría. De manera que los sacerdotes urdieron un plan muy sencillo: mataron al inventor pero, como tenían miedo de que la gente se volviera contra ellos, se lamentaron por su muerte, lo alabaron y construyeron un santuario en su memoria. Al frente del santuario encendieron fuegos y pusieron una imagen pintada del inventor. Todos los días la gente venía a rezar frente al santuario, dando gracias a Dios por los talentos del inventor y sus dones. Con el correr de los años, su método para encender fuego se fue olvidando, y todo lo que quedó de él fue una grotesca reliquia del hombre y el rescoldo de los fuegos que se habían encendido en su honor.

Cuado Tony de Mello terminaba de contar esta historia, se ponía a aplaudir y decía: "Lo que quiero saber es ¿dónde está el fuego?" Para él, la fe que no produce una sensación de gozo no es una "buena nueva", es un fraude. Sabía que la religión que da vida es el fuego y temía mucho que hubiéramos matado lo genuino reemplazándola con un pálido sustituto.

EL BUEN SAMARITANO
(Lucas 10, 25-37)

Desde hace tiempo me ha venido fascinando el poder de la imaginación. Puede, si se lo permitimos, desplegar mucho de lo que es verdadero en nuestra vida interior. También puede conducirnos a Jesús y a una mayor conciencia de su presencia en nuestras vidas. De manera que, para este ejercicio, siéntese de manera cómoda, manteniendo su cabeza erguida y su espalda derecha. Tranquilícese por medio de alguno de los ejercicios de respiración. Tome conciencia de sus sentimientos. Utilice el tiempo necesario y deje que su imaginación se despliegue, revelándole las verdades que están escondidas en las profundidades de su ser.

Ahora imagínese que usted es el pobre hombre que fue atacado por ladrones que andaban por su camino en la vida. Para usted, ¿quién o quiénes son el enemigo? ¿Es su enemigo uno o muchos? ¿Con qué ataques lo hiere su enemigo? ¿Son éstos de naturaleza física, moral, emocional o psicológica? ¿Cuándo y cómo sufre los peores ataques? ¿Cómo reacciona usted al dolor y la debilidad que experimenta?

Ahora traslade el foco de su atención a su vida de todos los días. Cuando piensa en su vida real, ¿cuáles son las imágenes, pensamientos, recuerdos del pasado, dolor de heridas, rechazos, que le vienen a la mente? Después de un tiempo, empiece a pensar en las personas que durante su vida vinieron en su ayuda, como el buen samaritano. Sienta el cuidado y la atención que le brindaron, y deje que su cuerpo recupere la fuerza y energía que su bondad significó para usted. Piense en las ocasiones cuando Jesús vino en su ayuda. ¿Cuáles fueron esas ocasiones? ¿De cuáles heridas, sobre todo, quisiera usted ser curado? ¿Qué libertad quisiera usted que Jesús le otorgara? ¿Cuál es su mayor necesidad en este momento? Pídale a Jesús que lo cure y que lo haga libre. Escuche todo lo que Él pueda querer decirle. A su tiempo, dé por terminado el ejercicio de manera suave y lentamente, utilizando algunos de los ejercicios para cerrar el período de meditación. Por ejemplo, puede empezar a escuchar los sonidos que provienen de su más profundo interior, tomando conciencia del ritmo tranquilo de su respiración, al entrar y salir de su cuerpo. Después, deje que su atención se dirija hacia afuera, a los sonidos en la habitación donde está rezando. Termine concentrándose en los sonidos que provienen de afuera de la habitación.

Cuando el ejercicio haya terminado, dése algún tiempo para repasar todo lo que su imaginación le mostró. Si le parece que puede ayudarlo y si está rezando en un grupo, comparta con algún amigo o con su guía tanto como quiera.

EJERCICIO PARA TRANQUILIZARSE

Asuma la posición de oración y deje que su cuerpo se relaje. De manera suave, tome conciencia de su respiración.

Sienta el aire que penetra por sus fosas nasales.

Entre en contacto con el ritmo de su respiración.

Al respirar, sienta el contacto del aire que entra o sale de su cuerpo... vea si es tibio o frío... escuche su sonido.

Imagine el aire que respira como una niebla de color, o como la llama de una vela, y vea en su fantasía cómo penetra en usted por sus fosas nasales, golpeando la parte trasera de su garganta, descendiendo hasta sus hombros. Siga visualizando el aire, como si su cuerpo fuera de vidrio transparente, y observe cómo la niebla de color se mueve hasta su pecho, bajando por sus brazos, dando vueltas alrededor de su columna vertebral, hasta que finalmente baja hasta la zona de su ombligo.

Después de unos instantes, vuelva a imaginar el aire cuando sale de su cuerpo desde el fondo de su estómago, por su columna vertebral, su pecho, sus brazos, el área de los hombros, la parte de atrás de su garganta y hacia afuera por su boca. Ahora convierta este ejercicio en una oración. Elija un *mantra* y repita la palabra o frase una y otra vez mientras sigue respirando hacia adentro y hacia afuera. Puede, por ejemplo, usar la palabra "Sí" al inhalar (aceptando de Dios la vida) y "Señor" al exhalar (dejando que el Señor tome su vida en sus manos). O puede convertir en cántico una de las frases de Taizé, como por ejemplo "Oh Señor, escucha mi oración, oh Señor, escucha mi oración" al recibir el aire y "Cuando te llamo, respóndeme" al dejarlo salir.

A este ejercicio dedíquele diez o quince minutos, y es de esperar que empiece a sentir que su cuerpo se va relajando. De este modo permitirá que su imaginación despliegue sus secretos.

UNA MEDITACIÓN EN NOVIEMBRE

He usado esta meditación durante el mes de noviembre para rezar y dar gracias por aquellos que han muerto. Por lo general, empiezo la sesión recordándoles a los miembros del grupo las personas fallecidas relacionadas con ellos que de una u otra manera han sido muy afectuosas y que ahora podría agradarles recordar. Rezamos "por" ellos o "a" ellos, según creamos que ya están en el cielo y pueden ayudarnos en nuestro viaje hacia ese lugar, o que están en algún lugar de espera y necesitan de nuestras oraciones para alcanzar su verdadero destino. Les pido a todos los que tengan a alguna persona en mente que tomen en sus manos una vela encendida, que pueden usar como símbolo o recordatorio de ese ser querido.

Empiezo la sesión usando una canción de Mary Black que se titula "Wonder child" (El niño prodigio) y les explico que al pensar en la persona que estoy recordando lo hago como alguien maravilloso, que significó mucho para mí. Pido a los participantes que cierren sus ojos. Es de gran ayuda si puedo evocar personalmente a alguien muy especial para mí y le digo al grupo por qué esa persona era tan especial. Entonces les explico que en mi imaginación veo a esa persona especial (por ejemplo, un colega jesuita ya fallecido) haciendo su camino hacia Dios como si estuviera ascendiendo lentamente a una montaña por un sendero rocoso. En el sendero puedo ver grandes rocas ubicadas de tanto en tanto al borde del camino. Siento que mi amigo, fatigado por las ascensión, se siente tentado a abandonar su viaje y detenerse para descansar. Allí es donde empieza mi tarea. Rezo por la persona que estoy recordando, pidiéndole a Dios que le dé valor y fuerza para completar su viaje. Sé que en el momento oportuno él pedirá por mí. Termino la recordación con la misma canción que utilicé al principio.

Algunas notas de advertencia. Como es de esperar, algunos pueden sentirse muy perturbados cuando rezan de este modo por sus personas queridas. Por lo general, siempre les anticipo a los miembros del grupo el tipo de sesión a la que vamos a dedicarnos y les doy tiempo para que cualquiera que sienta que esta meditación puede resultarle muy dolorosa se excuse de participar. También trato de asegurarme de que ningún miembro del grupo haya sufrido recientemente la pérdida de un ser querido. Como precaución final, por lo general les doy tiempo a los miembros del grupo para que después de la sesión, y si lo desean, hablen con su vecino de lo que les ha sucedido.

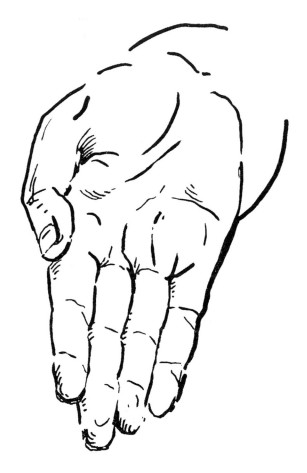

El mudra Abhaya: *una posición que sirve para eliminar el temor,*
asociada frecuentemente con el Buda.

EL DOLOR EN NUESTRO MUNDO

La muerte no es extinguir la luz, sino apagar la lámpara
porque el amanecer ha llegado.

Tagore

S iempre nos resulta difícil enfrentar el dolor en la vida. Pero yo tengo una pregunta para hacerme: ¿Puede Dios usar el dolor que experimentamos en nuestra vida para mostrársenos? Como dijo Meister Eckhart: "El Dios fiel a menudo permite que sus amigos se enfermen y deja también que cualquier cosa en la que se apoyen desaparezca debajo de sus pies." Dietrich Bonhoeffer dijo algo similar: "Creo que Dios puede sacar bien del mal, aun de los peores males. Para eso necesita hombres que sepan hacer el mejor uso de todo. Creo que Dios nos dará toda la fortaleza que necesitamos en los tiempos de dolor. Pero nunca nos da esa fortaleza por adelantado, para que no confiemos en nosotros mismos sino solamente en Él." Entonces, ¿está Cristo escondido detrás de cada crucifijo de nuestras vidas? Sheila Cassidy, la autora de *Good Friday People* (La gente del Viernes Santo), una mujer que sufrió mucho ella misma, dice: "El sufrimiento en la vida es un hecho. Negarlo o ignorarlo no hará que desaparezca. En verdad, no sé si tiene o no un significado, pero en lo más hondo de mi corazón creo que sí lo tiene. Hay algo que, sin embargo, sé con certeza. Más importante que preguntar por qué existe el sufrimiento, es que nos coloquemos junto a los que sufren y estemos con ellos."

95

Hace poco tiempo me sucedió el siguiente incidente. Me pidieron que participara en un fin de semana de oración con jóvenes. Estos fines de semana son muy populares y se organizan principalmente para ayudar a los jóvenes en el desarrollo de su fe. Mi tarea durante ese fin de semana consistía en estar disponible para cualquier consulta de los participantes que quisieran hablar con un sacerdote. Cuado el fin de semana apenas había comenzado, tres mujeres jóvenes vinieron a verme. Dos de ellas parecían empujar a su compañera, más vacilante. Entraron y la sentaron en una de las sillas vacías. Después, se marcharon. Durante unos minutos el silencio fue total, pero lentamente, de a poco, la joven empezó a contarme su historia. La llamaremos Aoife. Me contó que había estado comprometida para casarse, pero a la mitad de su compromiso empezó a notar que el joven con quien estaba saliendo bebía mucho más de lo que a ella le hubiera gustado. Decidida a enfrentar el problema antes que se convirtiera en motivo de mayores discusiones entre ellos, Aoife finalmente insistió en posponer el compromiso hasta que su novio pudiera abandonar la bebida durante un período de seis meses. Sólo entonces reanudarían su relación y seguirían adelante con sus planes de casarse. Si el joven no se las arreglaba para mantenerse sobrio, ambos lo tomarían como una señal clara de que no estaban hechos el uno para el otro. Después de unos pocos días, el joven vino a verla y le dijo que se había rehabilitado y que de ahí en adelante, sin dudarlo, se abstendría de beber, pero que quería que volvieran a verse, porque la separación lo estaba matando. Aoife, sin embargo, insistió en cumplir con lo acordado y su novio se fue por su lado, muy entristecido, diciéndole que se sentía tan mal que deseaba terminar con su vida. Con lágrimas en sus ojos Aoife me contó cómo, unas pocas horas después, recibió un llamado de la policía local, pidiéndole que fuera inmediatamente a la casa de su novio, porque éste se había encerrado y amenazaba con pegarse un tiro. Cuando pudo llegar a la casa, descubrió que ya era demasiado tarde. El joven había cumplido su amenaza y se había quitado la vida.

Todo este incidente tuvo un efecto tan traumático sobre Aoife que al regresar a su propia casa se convirtió, como ella misma lo explicaba, en una reclusa. No comía ni mantenía relación con nadie, y su futuro le resultaba totalmente indiferente. Durante semanas las cosas siguieron así y empezó a tener problemas de salud. Sus amigos se preocuparon seriamente por su bienestar pero sólo uno de ellos consiguió, finalmente, llegar a ella y romper el cascarón en el que se había encerrado. Todas las tardes, su hermana menor, al volver de la escuela, insistía en entrar en su pieza, sentarse en la cama, y contarle todo lo que le había sucedido durante el día. Sin que Aoife la estimulara de manera alguna, su hermana siguió haciendo esto durante meses y meses. Finalente le contó a Aoife que estaba planeando asistir a este fin de semana de oración e insistió en que la acompañara. Lo consiguió, y durante el fin de semana prácticamente la había arrastrado para que hablara conmigo. Como Aoife misma lo dijo: "Mi hermana menor me devolvió la vida porque, cuando Dios parecía ya no preocuparse por mí y yo misma no estaba interesada en seguir viviendo, ella se negó a darme por perdida."

Tal como a Tony de Mello le gustaba señalar, en las vidas de todos nosotros hay dificultades, períodos duros, desastres de menor importancia o aun tragedias muy graves. En esos momentos, Dios parecería estar muy lejos de nosotros.

Hay muchas reacciones posibles al dolor cuando se presenta en nuestras vidas. Veamos, entonces, cuáles son algunas de nuestras posibles respuestas.

Reacción número uno. La primera reacción puede ser de enojo. Muchos de nosotros reaccionamos con temor ante las situaciones amenazantes de nuestra vida. Muy a menudo, no sabemos a ciencia cierta de dónde viene el temor o por qué lo estamos experimentando. Puede estar arraigado en algún recuerdo de la infancia, como por ejemplo el temor de encontrarse en las manos de otras personas o el de no tener el control de las situaciones de nuestra propia vida. Ese sentimiento vago de temor infantil puede haber avanzado a lo largo de nuestra adolescencia porque alguien nos ha tratado con prepotencia o por la presión de nuestros compañeros. El temor puede haber ido creciendo con los años. Al llegar el momento de casarnos, nos preguntaremos si no estaremos comprometiéndonos con alguien que no va a servirnos como compañía para el resto de nuestra vida, o quizá experimentemos el temor de no encontrar a nadie. Quizá nuestro matrimonio fracase, o perdamos nuestro empleo, o algo grave le suceda a uno de nuestros hijos. A veces, el temor no tiene nombre ni rostro y ni siquiera sabemos qué nos atemoriza. Si no conseguimos combatirlo, este tipo de temor sin nombre puede vencernos y paralizarnos. Recuerdo a una persona con quien yo trabajaba, que de manera regular soñaba que estaba sola en una casa extraña donde fantasmas sin forma definida la seguían, golpeaban las ventanas y la dejaban absolutamente aterrorizada. Finalmente, una noche, mientras soñaba, se dio vuelta y enfrentó su temor. De algun modo pudo hacerse amiga de la criatura extraña, e inmediatamente el fantasma dejó de inspirarle terror. Era como si la acción muy sencilla de enfrentar el temor que tenía en su interior hubiera servido para hacerlo desaparecer.

Reacción número dos. Una segunda manera de reaccionar al dolor en nuestras vidas es quedarse petrificado. Usted recordará cómo reaccionaron los apóstoles cuando se dieron cuenta de que habían perdido a su Señor y Maestro. Quedaron inmovilizados. El Sr. Kruschev, anterior presidente del Partido Comunista de la ex Unión Soviética, cuenta cómo reaccionó de la misma manera frente a una amenaza. Tenía que enfrentar al Presidium y hablarles sobre los horrores de la era estalinista. En medio de su discurso se levantó una voz desde el fondo de la sala, que en tono desafiante le preguntó: "¿Dónde estaba usted, Sr. Kruschev, cuando todas estas barbaridades se estaban cometiendo? ¿Por qué no desafió a Stalin cuando él todavía estaba vivo?" Kruschev cuenta que gritó con toda la voz que pudo sacar de adentro, pidiendo que el cobarde que había hablado desde el fondo de la sala sin identificarse se pusiera de pie. Un silencio aterrorizante se apoderó de toda la sala. Nadie se animaba a levantarse o a hablar, temiendo las consecuencias. Entonces, en el silencio profundo que se produjo, Kruschev dijo: "Yo fui como usted, camarada. No hablé porque el terror se apoderó de mí."

Reacción número tres. La tercera reacción a las situaciones dolorosas de nuestras vidas es quejarnos, diciendo que Dios está siendo injusto con nosotros. Es posible que lleguemos a convertirnos con el tiempo en uno de esos personajes quejumbrosos y protestones que andan por la vida. Recuerdo aquí una de las historias que Tony de Mello solía contar, sobre un hombre que quería entrar a una orden religiosa muy estricta. Se le explicó que las reglas de la orden le permitirían hablar con el abad solamente una vez cada cinco años. Y en esa entrevista solamente podía decir dos palabras. Después de cinco años, el abad lo mandó llamar y le pidió que le dijera sus dos palabras. El hombre dijo: "Comida espantosa." Cinco años después el abad volvió a llamarlo y volvió a pedirle que le dijera sus dos palabras. El hombre le dijo "Cama dura." Pasaron cinco años y el abad lo llamó otra vez, y después de pedirle sus dos palabras el hombre dijo: "Celda fría." Cinco años después el ejercicio se repitió, y esta vez el hombre dijo: "Para decirle la verdad, estoy harto de este lugar y he decidido irme de aquí." El abad entonces le contestó: "No me sorprende su decisión, va a librarse de algo que sin duda no puede soportar. Desde que está aquí lo único que ha hecho es quejarse."

En un espíritu similar, recuerdo a una mística que vivía en

Bagdad hace muchos años. Uno de sus seguidores le preguntó una vez cuál era el primer paso que debía darse para conquistar la virtud de la aceptación y la paciencia en la vida. Ella le contestó: "Deje de quejarse." Al principio, sus seguidores quedaron un poco decepcionados por no haber recibido una ayuda más profunda y espiritual. Pero esas tres palabras siguieron resonando en sus oídos, de manera que, cada vez que sentían el impulso de protestar por algo, les volvían a la mente y meditaban en esas palabras tan sabias. Sabían que, hasta que no dejaran de quejarse, su idea de llegar a ser pacientes y aceptar la vida tal como viniera era una pérdida de tiempo.

Cuando Tony de Mello trabajaba con grupos, muy a menudo les contaba una vieja historia de la India que decía más o menos lo siguiente. Había un hombre que se quejaba a Dios todo el tiempo por lo mal que le iba en la vida. Dios, finalmente, no pudo soportar más su constante lista de quejas. Se apareció frente al hombre y le dijo que le concedería tres deseos. Pero después, agregó, no quería seguir escuchando sus constantes protestas. El hombre se sintió colmado de gozo, y lo primero que le pidió a Dios fue que su vieja mujer muriera. Él, quedando viudo, podría entonces casarse con otra mujer, más joven y más linda. Y sucedio así. El hombre quedó muy satisfecho. Sin embargo, durante los días inmediatamente anteriores al funeral de su primera esposa, muchos amigos vinieron a visitarlo y se lamentaron por la gran tristeza que había producido en sus vidas la pérdida de esa mujer, a la que consideraban un gran tesoro. "Piensa solamente cómo ella siempre te complementó —le decían, y soportó tu idiosincrasia." Cuando el hombre se dio cuenta de la verdad que había en las palabras de sus amigos, volvió corriendo a Dios y le pidió si no sería posible volver a tener a su esposa otra vez. "Muy bien —le dijo Dios—, ¿pero te das cuenta de que estás usando el segundo de los tres pedidos?" Durante una semana el hombre no volvió a molestar a Dios y su silencio se extendió hasta un mes, y luego a un año, y finalmente, después que hubieron pasado diez años sin que hiciera su último pedido, Dios no pudo soportar más la tensión. Volvió a visitar al hombre para averiguar por qué había perdido su costumbre de quejarse y protestar todo el tiempo. El pobre hombre le dijo que no había vuelto a llamarlo porque no podía decidir cuál debía ser su tercer pedido. Algunos de sus amigos le habían aconsejado que pidiera dinero, pero otros le habían dicho que el dinero no le serviría de nada si no tenía buena salud. Otros le sugerían que debía pedir una larga vida sin enfermedades graves, pero otros, con mayor sabiduría, le habían dicho que ese don resultaría en una terrible maldición si durante esa vida no era feliz. Y con esto el hombre le preguntó a Dios: "Tú, Señor, ¿no podrías aconsejarme cuál debería ser mi pedido final?" El Señor se rió y le dijo: "Pídeme ser feliz sin importar qué te sobrevenga." Un consejo sabio, sin duda.

Reacción número cuatro. Una cuarta respuesta posible que tenemos al enfrentarnos con una tragedia en nuestras vidas puede ser la tendencia a abandonar cuando las cosas se ponen duras. Cristo mismo, en su trato con personas que tenían problemas, tuvo que infundir valentía en sus interlocutores.

Como le dijo a la mujer que encontró junto al pozo de agua, hay, al alcance de todos, una fuente de energía espiritual, y si solamente uno pudiera verla le pediría "Dame el agua de vida", porque ésa es la compañía más segura en los momentos difíciles.

Reacción número cinco. Una quinta reacción frente a situaciones dolorosas en nuestras vidas puede ser sentirnos impotentes. Poco podemos hacer frente al dolor o su causa. Hace algunos años, yo formaba parte del equipo de consejeros en un centro de retiros donde se efectuaban todos los fines de semana reuniones de Alcohólicos Anónimos. Creo que puedo decir sin temor a equivocarme que los organizadores de esos fines de semana consideraban que esa tarea era un privilegio y un placer, porque creían que ellos mismos estaban aprendiendo tanto de las reuniones como los alcohólicos. Los que padecían esa aflicción nos enseñaban mucho, porque eran de las personas más honestas y valerosas que he conocido en mi vida. La primera lección que nos enseñaron fue que, antes que pudiera producirse alguna recuperación, los adictos tenían que reconocer algunas verdades muy directas sobre sí mismos. Tenían que admitir que habían fracasado, que eran pecadores, que no podían vencer sus debilidades sólo con sus propias fuerzas, y que, como lo dice san Pablo, aquellas cosas que aborrecían y deseaban discontinuar eran las que se veían haciendo, una vez tras otra. Necesitaban algo o alguien fuera de ellos mismos para poder cambiar. "¿Quién me rescatará?" tenía que ser su constante pregunta angustiosa. Se daban cuenta de que necesitaban alguna forma de poder superior; era su única oportunidad. Necesitaban ir al pozo para recibir el "agua de vida", para que, como el mismo san Pablo podría decir, habiendo perdido todo, pudieran reconquistar el respeto por sí mismos y llegar a creer en las palabras de Cristo: "Te basta mi gracia."

En la vida de muchas personas hay momentos en los que se sienten totalmente perdidos. Quizá se enfermen o se depriman. Pueden estar sufriendo la pérdida de seres queridos, o se han quedado sin trabajo, o se ha desvanecido su seguridad financiera, o ya no tienen paz mental. Sus amigos pueden haberlos abandonado o hasta quizá hayan perdido el buen nombre y prestigio de los que gozaban en otros momentos. El cardenal Joseph Bernardin, de Chicago, se encontró él mismo en medio de una pesadilla de este tipo cuando fue acusado de haber cometido un acto de conducta sexual indebida, en noviembre de 1993, y se lo demandó por diez millones de dólares. Sus propias palabras resumen su dilema y desesperación: "Mis sentimientos eran de incredulidad y confusión; después, mi ánimo se transformó en ira. Finalmente sentí compasión y tristeza por la persona que me acusaba. Allí es donde estoy ahora." Imagínense la escena. El cardenal había sido demandado por un hombre con sida, de 34 años de edad, debido a un supuesto episodio de acoso sexual que afirmaba había sucedido veinte años antes, entre 1975 y 1977. Los diarios y la televisión hicieron notas destacadas sobre el escándalo, y éstas circularon por todo el mundo. Sugerían que las acusaciones debían basarse en algún suceso real. Después, se produjo la segunda explosión. La víctima de sida reveló que su historia y la acusación eran mentira, y se basaban en recuerdos falsos y de poca confiabilidad, que se le habían inducido en una sesión de hipnosis. Más tarde, el cardenal Bernardin dijo que los meses que estuvo acusado habían sido para él como una pesadilla en estado de vigilia. Podemos imaginarnos cómo se sintió humillado por ese ataque público contra su carácter, y el sentimiento de impotencia que debe de haber representado para él. Había pocas formas que tuvieran sentido para refutar tal acusación. Sin embargo, las tinieblas no lo vencieron y posteriormente pudo señalar áreas en su vida en las que esa crisis le sirvió para crecer. "Tuvo un poderoso impacto espiritual sobre mí —dijo—, y hoy experimento una profunda compasión hacia cualquiera que haya sido falsamente acusado." El Cardenal hizo un esfuerzo para que esa pesadilla no lo derrotara. Decidió tomar contacto con su acusador y visitarlo en el hospital. El joven quería encontrarse con el Cardenal y pedirle perdón por la situación embarazosa y el daño moral que le había ocasionado. Durante esa entrevista ambos usaron palabras simples, directas y conmovedoras. El encuentro, según el propio Cardenal lo relató, "estuvo lleno de gracia y dio por terminado el asunto. Nos dio paz a los dos".

¿Qué puede uno hacer para extraer luz de los momentos más oscuros que sobrevienen en la vida? Las siguientes sugerencias pueden ser útiles. Una de las cosas que podemos hacer es sentarnos y quedarnos tranquilos. Observe cómo reacciona frente a una situación dolorosa y trate de averiguar cuáles son las causas de su respuesta. Haciendo esto, podemos empezar a reconocer que nuestra respuesta es de ira o de temor. En ese caso podremos rezar pidiéndole a Dios que cambie nuestra actitud.

Hay muchas personas valientes que, cuando sufren una situación temible en su vida, sugieren que lo necesario es una reacción activa, luchar contra la crisis. Brian Keenan, Terry Waite y Sheila Cassidy son ejemplos de personas que han enfrentado situaciones que podían amenazar su vida y destruirles el alma, en el pasado reciente. Sus comentarios sobre cómo actuaron frente a sus pruebas aterrorizantes son iluminadoras. Pueden resumirse en esta frase: "Puedes quebrar mi cuerpo, pero no quebrarás mi espíritu." Se negaron a permitir que los desastres del momento presente los vencieran. Utilizaron todas las tácticas para disipar el temor. Uno de ellos escribió un libro donde contaba los incidentes y horrores que estaban teniendo lugar. Otro pintó las escenas de su prueba en cuadros. El tercero se fue a la orilla del mar y caminó gritando su dolor y tristeza a las olas. Todos intentaron derramarse en el presente y se negaron a pensar en el terror por el que habían pasado o el que podía venir en el futuro. Los tres sabían que es mejor sacar afuera el temor antes que guardarlo adentro de uno, donde puede llegar a producir el propio derrumbamiento. Sabían que el dolor o la pena pueden ser interpretados como un don o como una amenaza en nuestra vida, y que puede ser en nuestra propia fragilidad, y no en nuestro poder, donde encontremos a Cristo.

Terminemos nuestras reflexiones sobre cómo enfrentar el dolor en nuestras vidas con la historia del rey Saúl, en el Antiguo Testamento. Es posible que recuerden que el rey Saúl estaba muy alicaído y apesadumbrado en un momento de su vida. Aconsejado por sus asesores, decidió organizar un banquete para reanimarse; entonces, envió a sus leñadores a cortar robles de sus bosques reales, para fabricar con su madera un harpa muy especial. Luego, ordenó a los artesanos que se retiraran a sus talleres e hicieran las cuerdas para el arpa. Por fin, llegó la noche del banquete. En el momento culminante de las festividades, el nuevo instrumento fue traído al centro del escenario. Pero, cuando el arpista hizo sonar las primeras notas, ocurrió el desastre. El instrumento no emitía sonido alguno. Fueron convocados expertos de toda la corte para tratar de explicar por qué sucedía esto, pero ninguno pudo aportar una razón. Ni pudieron hacer que el instrumento sonara. Finalmente, uno de los expertos sugirió que un joven, David, fuera traído a la corte, para ver si él podía hacer algo. Cuando David llegó, se sentó frente al instrumento y de manera muy suave puso su oído contra las cuerdas del arpa. Esperó unos minutos en esa posición y después se puso a tocar, extrayendo del instrumento una música hermosísima. Cuando después el rey le pidió a David que le explicara qué había sucedido, el muchacho le dijo que primero había que escuchar al arpa y dejar que ella contara su historia. El arpa le había contado a David cómo su vida había empezado como una pequeña bellota, antes de convertirse en un gigantesco roble en el bosque; también le contó cómo había soportado la dureza de los inviernos, cómo lo habían cortado y cómo se habían templado sus cuerdas en el calor blanco de la hornalla del herrero. Sólo cuando había sido escuchada y había revelado todo el dolor de su nacimiento y vida, pudo cumplir su destino y potencial como arpa. De manera similar, nosotros necesitamos escuchar la historia de nuestra propia vida y ver cuál es la parte que ha desempeñado en ella la experiencia del dolor.

LA MEDITACIÓN DEL HIJO PRÓDIGO

Habiendo llegado al espíritu de oración por medio de alguno de los ejercicios preparatorios recomendados, lo invito a evocar la famosa historia del hijo pródigo, del Evangelio de san Lucas. Colóquese en la escena y vaya a la casa del padre la noche del regreso del hijo. Imagínese la celebración. Vea a través de una ventana la fiesta que tiene lugar adentro. Vea al padre y al hijo que bailan en el centro de la habitación, aplaudiendo en su alegría. Tome nota del gozo que están viviendo y siga mirando hasta que la fiesta llegue a su fin. Cuando todos se hayan retirado, diríjase a la habitación del hijo y golpeé a su puerta. No estará dormido. Sus ojos brillarán. Pídale que le cuente su historia. ¿Por qué abandonó la casa? ¿Cuáles fueron sus aventuras en el camino y por qué decidió volver? ¿Cómo se sintió cuando vio a su padre que venía corriendo a su encuentro por el camino? ¿Qué pensó cuando escuchó la orden de traer el mejor vestido y el mejor anillo? ¿Y qué pasó con su hermano mayor? ¿Cómo eran sus relaciones, ahora, con el hermano?

El hijo pródigo seguramente querrá contarle el maravilloso cambio que se produjo en su corazón. Mientras les cuenta su historia, recuerde que está describiendo a nuestro Padre. Si el Padre puede demostrar todo ese amor e interés por el pródigo, quizá también esté demostrando los mismos sentimientos hacia mí.

MANTRA DE LA RESPIRACIÓN

Tome la frase "En tus manos, Señor, encomiendo mi espíritu" y úsela a la manera de un *mantra*. Cuando inhala diga "En tus manos, Señor" y deje que su respiración iguale el ritmo de la frase. Al exhalar, use la segunda parte de la frase, "encomiendo mi espíritu", haciendo que la acción de sacar el aire de su interior asuma el ritmo de estas palabras. Por último, junte las dos partes de la frase, al respirar hacia adentro y hacia afuera con un ritmo parejo, repitiendo vez tras vez la frase entera. Deje que esas palabras se hundan en su ser, lentamente, como si fuera agua que penetra en la tierra reseca o en un suelo pedregoso.

MEDITACIÓN DE LAS MANOS

Dicho de manera sencilla, la meditación puede describirse como el proceso de relajar mi cuerpo y mente de tal modo que yo pueda, tranquilamente, penetrar en mi interior. Primero, trato de encontrar una postura física que enfoque mi mente y me mantenga alerta. La postura no debe crear puntos de presión en mi cuerpo, ni debe relajarme tanto que induzca el sueño. La meta de la meditación es mantenerme presente tanto para mí mismo como para mi Dios. Si estoy sentado, debo hacerlo en una silla que tenga un respaldo vertical, y mis pies deben estar firmemente plantados sobre el piso. Coloco mis manos sobre mi regazo, con las palmas hacia arriba. Tomo conciencia del ritmo de mi respiración y, teniendo en cuenta que puede estar relacionada con el bienestar físico, trato de mantenerla despaciosa y regular. Como ya lo he mencionado anteriormente, cuando estamos tensos o presionados, nuestra respiración tiende a hacerse errática, dura, superficial o irregular, porque nuestro cuerpo sabe cuál es nuestro estado mental.

Ahora empiece el ejercicio de meditación.

Baje la vista para mirar sus manos e imagínese cómo eran

cuando usted tenía pocos años de edad. Reflexione sobre cuántas cosas necesitaba en esa etapa de su vida y cómo otros tenían que hacer virtualmente todo por usted. Traiga a su mente a aquellos que se encargaron de la mayor parte de todo ese cuidado y pida una bendición para ellos. Ahora conjure las imágenes de aquellos que se preocuparon por usted en distintos momentos de necesidad y ponga sus intenciones ante el Señor. Cuando esté listo, trate de imaginarse a los que se ocuparán de usted en los tiempos de necesidad futuros, como cuando esté enfermo, o en su ancianidad. Bendígalos por adelantado.

Ahora piense en aquellos que necesitaron sus manos en diferentes ocasiones: los que lo necesitaron en momentos de dolor y los que necesitaron de sus manos para que los bendijera, los reconfortara o los sostuviera.

Por último, deje que su mente vaya hacia adelante y pida por aquellos que en el futuro pueden necesitar sus manos. Pida que las manos que usted está viendo reciban la fuerza necesaria para poder cumplir esas tareas.

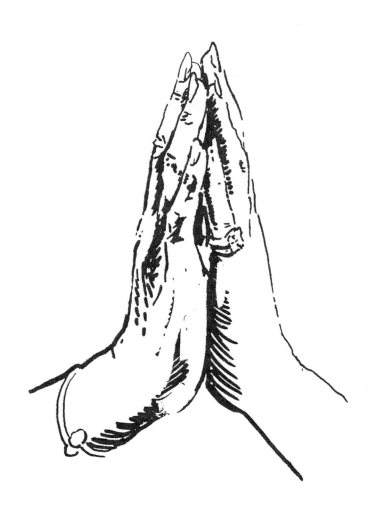

ENCONTRANDO PROVECHO
EN EL DOLOR

Dolor es todo lo que el paciente diga que le duele.

Un médico irlandés

Al sentarme a escribir estas páginas, vengo de llevar a una muchacha de quince años al hospital, después que se hubo administrado una sobredosis. La muchacha había atravesado una temporada de seis meses muy difíciles para ella. Su padre y su madre fallecieron de enfermedades trágicas. Después de estos golpes, su vida llegó a un punto crítico, y el dolor y la herida de su soledad se le hicieron más y más evidentes. Para ella, habían llegado a ser casi insoportables, y su acción de ingerir hoy un puñado de pastillas le había parecido una manera fácil de salir de la vida, en vez de tomarse el trabajo de encontrar un camino en medio de su dolor. El mensaje que su acción transmitió a todos los que mantenían algún contacto con ella era: "Ya no puedo sostener mi vida en foco y tengo que hacer algo para aliviar mi angustia." C. S. Lewis lo dice de otro modo: "El dolor insiste en que le prestemos atención." Y agrega: "Dios nos susurra en nuestros momentos felices, nos habla en nuestra conciencia y nos grita en nuestro dolor. Porque el dolor es su megáfono para despertar a un mundo sordo."

De manera que algún dolor, si ha de servirnos para crecer, debe ser soportado y comprendido. Como nuestra Señora hizo en su vida, es posible que tengamos que ser pacientes con el dolor, guardándolo en nuestro corazón, para ver si puede enseñarnos algo, a su debido tiempo. Puede sernos beneficioso no perturbar el dolor hasta que llegue el momento de su maduración, para que ningún intento de arrancarlo antes de tiempo nos produzca daños insospechados. Como ejemplo, se puede pensar en aquel hombre que aparece en el Evangelio, que intentó sacar un demonio de su casa. Limpió el lugar donde estaba establecido y hasta consiguió expulsar al demonio. Pero después descubrió que al perturbar una dificultad se había acarreado muchas más: el demonio que lo molestaba había sido reemplazado por siete demonios, en el espacio que él había creado. Quizá pueda describir con mayor claridad esta situación dándole las líneas generales de un episodio de mi propia vida. Manejo una motocicleta y hace poco descubrí que un horrible clavo se había incrustado en la rueda delantera. Como estaba a varios kilómetros del taller más cercano, tuve que dejar el clavo donde estaba, pese al riesgo, sabiendo que por lo menos el clavo estaba manteniendo algo del aire en el neumático. Si hubiera sacado el clavo enseguida, el resultado me hubiera ocasionado un problema mayor que mi problema inicial. Del mismo modo, uno debiera dejar el dolor en su lugar, hasta que el tiempo y las circunstancias sean más propicias para efectuar una reparación.

Hasta los mismos santos muchas veces tuvieron que ser pacientes con su dolor. Muchos de ellos se encontraron en sus vidas con "desiertos" o experiencias extremadamente difíciles. Santa Teresa de Ávila se refiere con frecuencia a estos momentos, y da gracias por el sufrimiento que debió soportar en su vida y la capacidad que encontró dentro de sí para obtener fruto de esos sufrimientos.

El dolor, así como es algo a lo que tenemos que prestarle atención, puede también ser un don, en algún modo. ¿Cómo? El dolor o la preocupación pueden ser advertencias anticipadas de dificultades que se presentarán después. Pueden alertarnos sobre debilidades en el cuerpo o el espíritu que necesitan curación. Como con cualquier lesión, la curación no termina cuando los dos bordes de la herida se juntan. Esto solamente permite que la persona siga funcionando como lo hacía antes. Más significativo es cuando la persona curada se da cuenta de que ahora su vida necesita que se produzca un cambio de conducta para seguir sintiéndose bien en el futuro. Al hablar del dolor o la preocupación, me refiero a cualquier clase de sufrimiento, confusión, alienación, temor o desmoronamiento interior. Uno nota a menudo que las personas que han atravesado experiencias de gran dolor o preocupación por lo general son personas profundas y atentas a las necesidades de los demás. Podemos sospechar que su dolor los ha ayudado de algún modo a ir más hondo en sí mismos. Una especie de espiritualidad parece haberlos permeado, haciéndolos mejores interlocutores y más capaces de experimentar simpatía por los demás. Casi sin saberlo, buscan fuerzas más allá de las propias. Esta profundización del espíritu no necesariamente se produce como una repentina explosión de discernimiento. Es más frecuente que sea un desarrollo lento, y hasta tal punto gradual que muchos no lo perciben, ni se dan cuenta de ello, ni lo ponen en práctica. Este hecho me lo señaló durante un taller un médico que trabajaba en hospitales con enfermos terminales. Este médico era una persona maravillosa y cualquier cosa que pudiera decirnos sobre el trabajo con personas que estaban a punto de morir valía la pena escucharse. Cuando yo le pregunté si tratar a los moribundos, decirles la verdad sobre su enfermedad y recibir su pedido de ayuda no era una experiencia agotadora, su respuesta fue clara como un cristal: "No, porque yo no les digo realmente a los pacientes cómo están; ellos me lo dicen a mí." Y continuó explicándome que, cuando los pacientes entran en el hospital para realizar allí su viaje final, él, por lo general, se toma algún tiempo antes de presentarse a ellos. Empieza la entrevista pidiéndoles que le den una idea de su propia manera de entender su enfermedad. Después de esto, simplemente se sienta y escucha sus respuestas. "La gente lo guía a uno con sus respuestas —dijo—, y le dan la forma de lo que ellos mismos son capaces de escuchar. Si me dicen que se están sintiendo muy bien, muevo mi cabeza en señal de asentimiento y les digo cómo me alegra su respuesta. Esas personas me están diciendo que todavía no están listas, dentro de sí mismas, para recibir una noticia más preocupante por el momento. Sin embargo, otros pacientes me dicen de entrada que no se están sintiendo nada bien. Yo estoy de acuerdo con ellos. No quiero mentirles. Han demostrado estar preparados para la verdad. En realidad, ellos solos ya han enfrentado la verdad."

Todos nosotros tenemos que enfrentar el dolor y la preocupación en algún momento de nuestras vidas. Sean de tipo espiritual, mental, emocional, social o físico. En momentos así, es difícil recordar que el dolor que estamos experimentando puede sernos beneficioso. Rara vez se lo siente de ese modo mientras lo sufrimos. El dolor puede estar diciéndonos algo. Puede estar señalándonos que hay algo que anda muy mal en nosotros y que mejor intentemos hacer algo al respecto. Tony de Mello notó que cuando trabajamos con nuestro dolor el tiempo es un elemento vital. El momento y las circunstancias tienen que llegar a estar maduros. Si nos mantenemos distantes y no hacemos nada, puede resultar en un desastre. De manera similar, si nos apresuramos a hacer algo demasiado rápido, los resultados también pueden ser calamitosos. Para ejemplificar este punto, Tony de Mello contaba una bella historia de Zorba el griego. Zorba recordaba una mañana cuando encontró el capullo de una crisálida de mariposa en la corteza de un árbol, justo cuando la mariposa estaba perforando su capullo, alistándose para salir a volar. Zorba esperó, pero al final decidió que la mariposa era demasiado lenta. En su impaciencia, Zorba se agachó y echó su aliento sobre el capullo para calentarlo lo más rápidamente posible. Entonces, se produjo el milagro. El capullo se abrió y, temblando, la mariposa salió e hizo el esfuerzo de abrir sus alas. Zorba quiso ayudarla con su aliento. Pero la mariposa necesitaba salir muy lentamente de su largo encierro. Desplegar las alas debiera haber sido un proceso lento, al calor de la luz del sol. Ahora ya era demasiado tarde. El aliento de Zorba había obligado a la mariposa a salir antes de tiempo. Luchó por sobrevivir desesperadamente pero, habiendo sido forzada a ir allá de su propio ritmo, murió en la palma de la mano de Zorba. Cuando Zorba contó esta historia, después de algún tiempo, dijo que la pequeña mariposa era la carga más pesada que tenía sobre su conciencia. Sentía que violar las grandes leyes de la naturaleza era un pecado mortal. Como él mismo lo dijo: "No debemos apresurarnos, no debemos ser impacientes; con confianza debemos obedecer el ritmo eterno."

Dejemos que las cosas sucedan a su propio ritmo. También con el dolor. Hay dolores a los que tenemos que dejar seguir su curso si queremos que alguna vez den fruto. El dolor puede colorear todo lo que suceda después en nuestras vidas y asegurar que cualquier acontecimiento futuro traiga consigo la plenitud del potencial que contiene. Tal como dijo C. S Lewis: "El dolor de entonces es parte de nuestra felicidad de ahora."

Otros tipos de dolor, como el de la envidia, deben ser dejados de lado si no queremos que nos destruyan. Para dar un ejemplo a punto, a mí me gusta de manera particular una historia de Tony de Mello sobre dos monjes que salieron de su monasterio en un largo día de peregrinaje. Apenas habían salido, cuando llegaron a un río en plena creciente, que evidentemente no iba a ser fácil de cruzar. Parada junto al río, visiblemente con la esperanza de cruzarlo, también había una mujer joven, deliciosamente bella. El primer monje, sin mirarla siquiera, se arrojó al agua y con gran dificultad consiguió llegar hasta la otra orilla. El segundo monje, siendo de un temperamento diferente, se recogió el hábito y puso a la joven sobre sus hombros. Enfrentando con valentía la corriente y corriendo un grave peligro de ser arrastrado por ella, consiguió sin embargo llevar a la mujer a salvo, hasta la otra orilla. Allí la depositó en el suelo y después siguió viaje con su compañero. La mayor parte de ese día los dos monjes siguieron caminando en silencio. El primer monje llevaba una cara sombría como una tormenta de truenos. El segundo, en cambio, el que había atravesado el río llevando a la mujer, parecía estar muy contento. Cuando los dos finalmente se sentaron para comer algo, el monje de mal humor empezó a sacarse de adentro el enojo, diciéndole a su compañero que no entendía cómo alguien que había hecho voto de castidad podía haberse expuesto tanto a la tentación cargando sobre sus hombros a una mujer tan atractiva. Su compañero se limitó a decirle: "La dejé en la otra orilla." Eso fue todo. Uno había hecho lo que era necesario hacer y después había seguido su camino. El otro había llevado consigo durante todo el día la imagen, la envidia y la frustración de lo sucedido. Algunos dolores, si se llevan sin necesidad, se pudren y nos hacen daño. La reflexión, la oración y un simple pedido a nuestro Señor pueden hacer que lleguemos a ser personas mejores después de haber sufrido la enfermedad o el dolor.

Tony de Mello se ocupó en sus talleres, una y otra vez, de las preguntas sobre el dolor, la enfermedad y la curación.

En su primer retiro en Irlanda, y también en su primer libro, *Sadhana*, nos llevó de vuelta a la historia evangélica del hombre junto al estanque de Siloé. En ambas ocasiones reflexionó sobre la historia y planteó una pregunta difícil. Permítame, primero, evocar la escena del Evangelio. Recordará usted que cerca de Jerusalén había un famoso lugar santo donde se producían curaciones, llamado el estanque de Siloé. Se trataba de un depósito de agua rodeado de escalones, donde todos los días se reunían peregrinos con la esperanza de ser curados. La tradición sostenía que de vez en cuando un ángel del Señor aparecía y, esgrimiendo una especie de vara mágica, tocaba las aguas, produciendo en ellas un cierto movimiento. La primera persona que consiguiera meterse en el agua después de ese movimiento sería curada. La historia nos cuenta de un hombre que había estado acudiendo al estanque durante treinta y ocho años. La pregunta que Tony de Mello nos planteó durante su primer retiro en Irlanda fue: "¿Ustedes creen que ese enfermo quería ser curado?"

Creo que yo era el más joven de todos los jesuitas irlandeses en esa reunión. Sin duda era el más ingenuo. Recuerdo mi incredulidad al escuchar la pregunta. Creo que levanté mi mano y di abruptamente mi respuesta. "Por supuesto que aquel hombre quería ser curado. De otro modo, ¿cómo podría explicarse que durante treinta y ocho años fuera todos los días hasta el estanque?"

Tony de Mello respondió con una sonrisa: "Si eso es lo que piensa, conoce muy poco la naturaleza humana."

Entonces pidió que nos imaginásemos la escena nosotros mismos. El enfermo era paralítico. Debe de haber tenido amigos que lo llevaban todos los días hasta el estanque. Es posible que tuviera una esposa que le daba de comer todos los días, antes que saliera. Es muy probable que su caso recibiera una gran compasión de muchos, siendo conocido por otros de los que estaban alrededor del estanque y sabían de todo el tiempo que había estado viniendo. Si hubiera estado verdaderamente decidido a ser curado, sin duda hubiera logrado sentarse junto al borde del estanque, después de tantos años, para asegurarse el éxito de su intento. Pero esto no era lo que hacía.

Entonces De Mello nos pedía que evocáramos el día cuando Jesús vino a ese lugar y le hizo su pregunta al paralítico: "¿Quieres ser curado?" Imagínese las preguntas que deben haber dado vueltas por la cabeza de ese pobre hombre. De repente, debe de habérsele planteado todo lo que tendría que dejar atrás si recibía la curación. Ninguno de sus conocidos iba a venir para llevarlo al estanque. Su mujer ya no le prepararía su comida y le exigiría que saliera a conseguirse un trabajo. Aun sus mejores amigos empezarían a mirarlo de manera diferente y a envidiarlo. Sus expectativas de lo que él podía realizar en su vida serían mayores. Como dijo el mismo De Mello: "Creo que ese hombre debe de haberlo pensado dos veces antes de decir: 'Sí, quiero que se me cure.' Hubiera sido muy fácil para él decidir que en realidad no quería la cura de su mal. El precio que tendría que pagar era demasiado alto." ¿No sucede lo mismo con nosotros? ¿Estamos dispuestos a soportar el dolor para que, más allá, el fruto pueda aparecer?

Un último punto antes de abandonar la cuestión de cómo trabajar con el dolor en nuestras vidas. Hace algunos años me invitaron a participar en la liturgia nocturna del Sábado Santo, en un centro de estudios en el norte de Irlanda. Recuerdo haber manejado muy tarde aquel día y haberme encontrado con el grupo de estudiantes que había decidido participar de la liturgia, que duraba toda la noche. Estaban en la cafetería del colegio. La misa de Pascua había sido programada para las seis de la mañana siguiente. Se había decidido que la ceremonia se realizaría al aire libre, en la ladera de una montaña cercana. Poco tiempo antes del evento, todos nos pusimos la ropa adecuada para protegernos de la lluvia y seguimos al celebrante en la oscuridad helada. En fila india, subimos por un sendero montañoso que conducía hacia la cumbre. Cuando llegamos al lugar asignado, apenas si podíamos ver el perfil de Carlingford Lough hacia abajo, y sobre la cumbre de la montaña percibimos la forma de una gran fogata que todavía no estaba encendida. El predicador hizo su sermón pidiéndonos recordar el dolor y la soledad de la cuaresma que acabábamos de pasar. Entonces llegó al punto culminante del discurso. Sus últimas palabras fueron un antiguo proverbio irlandés. Entonces, tomó una antorcha encendida en su mano y la puso junto a las ramas más pequeñas de la fogata. Tres cosas sucedieron simultáneamente. La fogata, símbolo de la esperanza de la Pascua, elevó sus llamas al cielo. Al mismo tiempo, los primeros rayos de la luz del día cruzaron el cielo. Y, a la vez, un ave empezó a cantar las primeras notas del día. El proverbio irlandés que había usado era: "Si mantienes viva una rama verde en tu corazón en los tiempos de oscuridad, el Señor va a venir y enviará un ave para que cante desde esa rama al despuntar el alba." Quizá nosotros también podamos tener paciencia en los momentos dolorosos de nuestras vidas para que el Señor, a su propio tiempo, pueda mandar un ave que cante para nosotros y haga que esas experiencias sean fructíferas.

LA LADERA DE LA MONTAÑA

Tema: descubrir cuál es nuestra reacción frente al dolor.

Éste es un ejercicio que requiere gran discreción. Quizá no convenga que usted reflexione ahora sobre las áreas penosas de su vida. Si le parece valioso, examine sus formas de actuar, al mismo tiempo que evoca experiencias vividas.

Ejercicio preparatorio. Cierre sus ojos y tome conciencia de su respiración. Deje que su respiración vaya tranquilizándolo. Concéntrese en lo que está sintiendo en su cuerpo en este momento. Póngase cómodo y, si experimenta tensión en alguna parte del cuerpo, limítese a registrar el hecho. Cuando ya tiene conciencia de lo que está sintiendo en su cuerpo y qué está sucediendo en su interior, eleve silenciosamente al Señor esas sensaciones y pídale que por medio de su gracia le dé bienestar. Ésta es una meditación sobre las tormentas y los conflictos en su vida.

Imagínese que está esperando un ascensor en el quinto piso de un edificio.

El ascensor llega... es un tipo de ascensor diferente. No lo lleva a la parte más baja del edificio sino a lo más profundo de su yo interior.

Ingresa al ascensor en el quinto piso... se cierra la puerta y usted empieza a descender. Mientras desciende desde el quinto piso, un sentimiento de asombro llena su mente, porque es posible que nunca haya estado antes en este lugar. Baja al piso cuarto y lo invade una sensación de misterio, porque no sabe con seguridad qué es lo que va a encontrar allí. Ahora ya está en el tercer piso, y su interés va creciendo, porque en su mente considera qué cosas puede llegar a descubrir. Ahora pasa por el segundo piso y, a partir de aquí, el silencio va haciéndose mayor. Al llegar a la planta baja y abrirse las puertas, lo que encuentra afuera lo sorprende.

Está sobre la ladera de una montaña alta y se da cuenta de que ha llegado a este lugar para tomarse su tiempo y reflexionar sobre lo que significan las cosas que le han estado sucediendo. Usted va a acampar aquí. Es una noche muy agradable de verano y usted está solo, porque sus compañeros de viaje han decidido acampar en otro lugar.

Pensaron que esa noche habría tormenta y decidieron refugiarse en una cabaña abandonada en las cercanías, pero usted ha decidido pemanece a la intemperie. Levante su tienda. Acuéstese adentro de ella, en su bolsa de dormir, y mire hacia el valle, hacia las luces de un pueblo distante. Es un panorama lleno de paz; pronto siente cansancio y comienza a dormirse. Repentinamente, se despierta sobresaltado. Truenos y rayos lo rodean por todos lados. Aunque el ruido lo sobresaltó, usted no está asustado. Se siente protegido por Dios. Piensa en las cosas que ha vivido durante el último año de su vida y reflexiona sobre lo que ha aprendido sobre usted mismo en su vida con su familia o su comunidad. Se hace las siguientes preguntas:

- ¿Qué cosas me desafiaron durante los últimos meses?
- ¿Qué he aprendido sobre mí mismo, de mi familia o de mi comunidad?
- ¿Cuáles son las áreas, en mi interior, que necesitan crecer?
- ¿Ubico algún punto ciego en mí mismo?
- ¿Qué dones recibí, en la comunidad o con mi familia?
- ¿Qué cosas o personas me dieron vida?
- ¿Qué cosas me amortecieron durante los últimos meses?
- ¿Cuáles fueron los momentos más bajos?
- ¿Cuáles los más altos?
- ¿Qué cosas todavía no he resuelto?
- ¿Cuáles cosas hubiera querido haber hecho de otra manera?
- ¿Qué cosas estoy satisfecho de haber hecho?
- ¿Fuimos o podríamos haber sido Cristo los unos para los otros, como era en la comunidad cristiana primitiva?

SAN PEDRO EN LA CÁRCEL
(Hechos de los Apóstoles 12, 6)

Primero lea el pasaje.

Visite a Pedro en su celda. Esté con él mientras él evoca su llamado. Reflexione con san Pedro mientras él piensa cómo hubiera sido su vida si no hubiera respondido a la invitación de Cristo a seguir el camino cristiano.

Ahora mire hacia atrás, hacia su propia vida:

- ¿Cuál ha sido su llamado?
- ¿Lo siguió?
- ¿Hacia dónde lo ha llevado?
- ¿Está contento con su respuesta?
- ¿Necesita hacer algo ahora para que su llamado lo llene más de vida?
- ¿Qué cosas o personas han influido sobre usted?
- ¿Fue una posición social, dinero, comodidad, un empleo, o la aceptación de los demás?

Termine dándole gracias a Dios por su llamado.

CURANDO LOS RECUERDOS
(Volver a los campos de batallas)

Suspire muy hondo varias veces, como suspiros de alivio... Ahora preste atención al ritmo natural de su respiración... Sienta cómo su cuerpo se relaja al respirar hacia adentro y hacia afuera... con cada exhalación note un poco más cómo va aflojándose... Cuando inhala, note las sensaciones de tibieza, comodidad, silencio y paz presentes en su interior...

Ahora vaya al altillo donde guarda sus recuerdos y evoque la memoria de un lugar pacífico, mágico, de su propia infancia. Un lugar secreto, exactamente como era o como a usted le hubiera gustado que fuera. Haya existido o no en la realidad, usted tiene el poder para crearlo ahora y ponerlo en su imaginación. De este modo, regrese en sus recuerdos e imagínese a usted mismo cuando era niño... éste es el corazón divino de su ser... mire detenidamente su yo infantil.

Haga la cuenta... ¿cuántos años tiene usted...? ¿aparenta su edad...? ¿Es usted feliz? Vea en su interior a ese niño hermoso... es muy posible que haya pasado mucho tiempo desde que ese niño se sintió atendido y amado por usted de este modo... quizá pueda recordar algunas oportunidades en las que usted no fue capaz de amar y reafirmar su yo infantil con amor... mire su yo infantil y hágale saber la belleza que ve en él... pida perdón por las veces en las que no vio su belleza y por las veces cuando no fue suave con usted mismo ni se amó... quizá hace mucho que usted no presta atención a ese niño que tiene adentro ni piensa en él. Puede ser que haya muchas cosas que quiera contarle —quizá las cosas que le sucedieron durante toda su vida—: los gozos, las tristezas, las experiencias a lo largo del camino que le ayudaron a crecer en sabiduría... quizá también algunas experiencias todavía le pesan en el corazón... permita que el niño le hable de esas experiencias, en palabras, imágenes, sentimientos, de cualquier manera que sea. Limítese a escuchar y esté allí para ese niño, sin emitir juicio alguno. No se preocupe por lo que ya ha sucedido, o por lo que hubiera podido hacerse de otro modo, o haber dejado sin hacer...

Ahora deje que su yo infantil lo lleve de la mano y lo conduzca atravesando un prado asoleado... con total inocencia el niño quiere darle a conocer a usted la belleza del sol, la brisa sobre su rostro... quiere llevarlo a un lugar secreto, donde hay un don secreto para usted... un don que va a ayudarlo en su camino por la vida.

Cuando llega a ese lugar secreto, hay un cofre, y cuando el cofre se abre, adentro está el don... un tesoro para usted... ¿qué es?... podrá preguntarle al niño sobre ese tesoro y su respuesta puede contener más sabiduría para usted...

Ahora, dé gracias al niño, al eterno niño divino que habita siempre en el interior de cada uno de nosotros... sepa en su corazón que, así como usted nunca podrá separarse de ese niño, él tampoco podrá dejarlo a usted. Si tiene miedo de olvidar a su niño interior, tome una fotografía mental de la escena, que podrá volver a ver en su imaginación tantas veces como lo necesite... Ponga fin a la sesión volviendo a donde está, al aquí y ahora... tómese todo el tiempo que necesite y disfrute los sentimientos de la camaradería...

Cuando sienta que ha llegado su tiempo, abra los ojos.

LOS JÓVENES Y LA IGLESIA

El infierno es la vida humana despojada de maravilla.

Brendan Kennelly

El metropolitano Bloom, cabeza de la Iglesia ortodoxa rusa en Gran Bretaña, cuenta una hermosa historia contra sí mismo sobre sus primeros días como sacerdote. En su primera Navidad en una parroquia de Londres, una dama muy pequeña y vieja vino a él y le pidió su consejo sobre la oración y sobre cómo rezar. Siendo él mismo un hombre que aún no había madurado del todo y muy tímido, el arzobispo Bloom le dijo que debería hablar con un sacerdote mayor y con más experiencia que vivía cerca y que tenía la reputación de ser un experto en el tema. Sin embargo, la anciana le contestó: "Durante muchos años he mantenido conversaciones detalladas con personas que se supone sabían algo sobre la oración, pero nunca me dieron una respuesta inteligente a mis preguntas. Por eso pensé que, si le preguntaba a usted, que probablemente no sepa nada sobre el tema, podría, por casualidad, decirme algo útil y que me ponga en la dirección correcta." El Arzobispo dice que le preguntó a la anciana cuál era exactamente su problema con la oración y ella le dijo que durante catorce años había estado rezando de manera casi continua y no parecía haber llegado más cerca de Dios ahora que cuando había empezado. Creo que el Arzobispo terminó su historia diciéndole que, si dejaba de rezar todo el tiempo, por lo menos por algunos días, y trataba en cambio de escuchar un poco, el Señor se sorprendería tanto que le daría algunas nuevas luces sobre el tema.

La hermana Wendy, que recientemente se ha hecho famosa por sus programas de televisión que muestran la belleza del arte, relata una historia en cierto sentido similar, en su excelente librito *La oración sencilla (Simple Prayer)*. Cuenta cómo un famoso jesuita, mientras predicaba en la Catedral de San Pablo en Nueva York, fue interpelado por una persona entre sus oyentes que le preguntó cómo podía sacar tanto para decir de un tema como la oración, cuando la oración es la cosa más sencilla de hacer. Y la Hermana Wendy agrega: "Espero que aquel famoso jesuita supiera eso, porque sospecho que muchos de nosotros preferimos hablar de la oración en vez de practicarla."

Recuerdo estas dos historias porque me parece que en nuestros días hay mucha gente joven que está luchando por encontrar algún propósito en sus vidas. El modelo de Iglesia que se les presenta es, en el mejor de los casos, una cosa tibia y, en el peor, algo totalmente carente de significado para ellos. La sal ha perdido su sabor. El agua viva se ha estancado y ya no sacia su sed. Muchos cristianos mayores se dan cuenta de esto o tienen una idea vaga de que algo se ha arruinado, pero pese a sus mejores intenciones se sienten impotentes cuando les llega el momento de ofrecer alguna ayuda práctica a los jóvenes. No saben qué pueden hacer, si hay en realidad algo que sea de ayuda. Sienten que el fuego de la fe con el que fueron criados ya no calienta mucho ni tiene el brillo de antes. Sólo sobreviven algunas brasas, a punto de extinguirse. Los jóvenes que conocen parecen sentir que Dios no los ama o que ellos no merecen su amor, o el tema no les interesa para nada.

Me recuerdan al patito feo del cuento de Hans Andersen. Es posible que usted recuerde ese cuento. En una granja, una pata está empollando una cantidad de huevos. Cuando rompen el cascarón, uno de los patitos es mucho más grande que los demás. Esa ave extraña no tenía el plumaje amarillo de los demás patitos, sino que era de un color gris medio sucio. Además era torpe y deforme, y se convirtió en el hazmerreír de toda la granja. Los otros animales se burlaban de él y lo despreciaban.

La vida se volvió tan insoportable para el pobre patito que se escapó. Después de un tiempo, llegó a un lago en medio del bosque, pero ni siquiera allí los patos salvajes querían recibirlo. Pasaron los meses y esta ave singular se hizo grande y cada vez sentía más vergüenza de sí misma. Llegó el invierno, y un día vio tres hermosos cisnes blancos que volaban sobre el lago y los árboles. Mientras admiraba su belleza y el poder de su vuelo, el patito pensó: "Si yo pudiera ser como ellos." Vino la primavera. El hielo que cubría la laguna se derritió. Otra vez vio a los tres cisnes que volaban sobre la laguna. Esta vez descendieron en ella y se pusieron a nadar. El patito trató de esconderse, porque temía las burlas de esas aves tan bellas. Pero después de un rato lo vieron y lo llamaron para que se les uniera. "No puedo, porque no soy más que un patito feo y me harían un favor si me mataran y me sacaran de mi sufrimiento", les contestó. Pero ellos le dijeron: "Mira tu reflejo en el agua. Eres hermoso. Eres uno de los nuestros. Eres un cisne y puedes volar muy alto, como nosotros." Con el corazón explotándole de gozo, el cisne voló y se unió a su verdadera familia.

¿Cómo puede hacerse hoy para dar a los jovenes un sentido de su propio valor? A lo largo del Evangelio encontramos a Cristo que levanta a la gente de sus rodillas y les infunde un nuevo sentido de su propia belleza. Pero este sentimiento va creciendo de manera lenta, muy posiblemente en la vida común y corriente, del lento río de todos los días. A menudo, el sentimiento del valor propio nos lo confieren nuestros pares o aquellos con quienes nos relacionamos. Se dice que antes de la abolición de la esclavitud Abraham Lincoln se hizo presente en un mercado de esclavos y estuvo observando cómo se desarrollaba el remate. Entonces, una mujer joven de raza negra salió a la venta y Lincoln hizo sucesivas ofertas por ella, para sorpresa de todos, porque su posición sobre la esclavitud ya era bien conocida. Más aun, consiguió derrotar a los otros interesados y de ese modo se convirtió en propietario de la esclava. Pagó el dinero convenido y recibió los papeles de la mujer. Aquí sucedió lo inesperado. Lincoln tomó los papeles, fue hacia la esclava y le entregó el título que acreditaba su propiedad. Y le dijo: "Toma, esto es tuyo. Desde ahora, eres libre." Cuando la mujer recibió los papeles que garantizaban su libertad, se dio cuenta de lo que había hecho ese desconocido. Miró a Abraham Lincoln y le preguntó:

— ¿Significa esto que desde ahora puedo ir a donde quiera y hacer lo que quiera?

—Así es —respondió Lincoln.

—Entonces, señor, lo que me gustaría hacer es irme con usted y servirlo durante el resto de mis días.

La pregunta que surge en la mente de inmediato es: ¿Quién, hoy, puede dar a los jóvenes este sentimiento de que han sido redimidos por el sacrificio de Cristo y explicarles que les ha sido devuelta su libertad?

Muchos padres y sacerdotes con quienes me encuentro quisieran hacer esto, pero no se sienten a la altura de la tarea. Es muy posible que haya recibido recientemente una respuesta por lo menos parcial cuando vi llegar a Irlanda una bandada de gansos que volaban de Islandia. Una persona que estaba allí me explicó cómo hacían el viaje estos gansos. Me dijo que sólo podían llegar al destino de su viaje si se ayudaban entre sí. Me hizo notar cómo los gansos siempre viajaban en bandadas con la característica forma de una V. Si todos mantenían la posición correcta en la V, el vuelo de la bandada creaba una corriente de aire ascendente. Esto ayudaba a cada una de las aves a poder hacer el viaje. Bastaba con que alguno de los gansos se apartara de la formación para que todos los demás empezaran a notar que el aire ya no los sostenía y tenían que multiplicar su esfuerzo. Siempre el ganso más robusto asumía la posición de líder, en la punta de la V. Cuando no podía seguir manteniendo la velocidad, se ponía a la cola, pero seguía graznando desde allí para estimular la resistencia de la bandada entera. Si alguna de las aves se debilitaba, se apartaba del grupo, para que no sufrieran todos por su culpa, pero aun así otros dos gansos se quedaban con ella, para brindarle protección y esperanza. Cuando el más débil recuperaba sus fuerzas, los tres seguían el viaje juntos y hacían todo lo posible por volver a unirse al grupo principal. Todos sabían que los más fuertes tomarían partido en favor de los débiles, tanto en los momentos difíciles como en los mejores, en los momentos de debilidad como en los de fortaleza. Quizá, en la terminología de la fe, los jóvenes por sí mismos (por el ministerio de la relación entre pares) sean los mayores transmisores de la fe hacia su propia generación. Por cierto, hay algunos entre ellos que se dan cuenta de que el pan que les ofrece el mundo moderno no sacia, a la larga, su hambre.

En los últimos años un sentimiento de desesperanza se ha establecido entre algunos cristianos mayores, al ver cómo los jóvenes adoptan los valores de la cultura moderna. "¿Cómo es que no se dan cuenta de que carece de profundidad?", es lo que muchos preguntan. Las Iglesias deben de ser, hoy, de las pocas organizaciones que culpan a su clientela por no ser capaces de ver el valor de los bienes que ofrecen. Muchos jóvenes están buscando y debatiéndose por un espacio apartado del ruido y el trajín, donde puedan encontrar un punto central de silencio en sus vidas. Tienen una sensación vaga de que, como un acoplado desequilibrado tenderá a hacer perder su propio equilibrio a cualquier vehículo al que se lo ate, del mismo modo, sus propias vidas, sin un propósito que las anime, finalmente no los conducirán a ningún lado. Han vislumbrado el hecho de que saberse amado es un ingrediente vital del sentimiento de autoestima. Como ha dicho Von Balthasar, el teólogo favorito del Papa: "Si quieres entender la fe, haz una pausa breve y reflexiona en algo que te haya sucedido cuando tenías dos meses de vida. En esa etapa de nuestra vida alguien nos amaba, sabíamos que alguien nos amaba y saber que eramos amados era lo que necesitábamos para arrancar en el camino del crecimiento." Von Balthasar dice que la fe es la sonrisa que reconoce por el amor. Ver esa sonrisa e interpretar su significado lleva tiempo y requiere silencio. El ímpetu que nos mantiene en movimiento, el punto de partida, puede muy bien ser el deseo de paz, silencio o lo que yo denominaría la experiencia del "desierto".

¿Qué es esta experiencia del "desierto" y cómo podemos abrirnos a ella? Tony de Mello cuenta la historia de un jesuita holandés que fue a reunirse con su obispo local. Cuando llegó a la casa del obispo, descubrió que el hombre estaría ausente durante nueve días, haciendo un retiro.

La gente del lugar decía que el obispo se había tomado ese tiempo para vivir "bajo el cielo". El obispo había hecho un pozo en la arena con sus propias manos, y se había metido adentro, para guarecerse de la brisa. Estuvo allí nueve días, expuesto a los elementos y a Dios, sabiendo que la soledad del desierto iba a ponerlo frente a frente con Dios. De Mello termina diciendo: "No dejen de detenerse en el desierto, porque el desierto ejerce un tremendo poder de atracción y absorbe a las personas con su silencio." Hay muchas personas en nuestros días que cuestionan el valor de una experiencia del desierto. Se preguntan qué valor tiene y qué significa apartarse durante un tiempo para rezar. Eso es precisamente lo que anda mal con nosotros hoy. Usamos horas, meses o años cultivando nuestros cerebros. La gente piensa que eso es perfectamente normal y relevante. Dígales, en cambio, que usted se propone emplear una parte de su tiempo para cultivar su espíritu interior, y sencillamente no reconocen que tal cosa exista. Olvidamos que hay una dimensión en nosotros, la dimensión espiritual, que clama por desarrollarse, tal como lo hace el intelecto. Encontrar esa dimensión y quedarse con ella puede ser doloroso. El desierto tiene esa manera insidiosa de sacar a la luz aspectos de nuestras vidas que podemos no querer enfrentar. También puede darnos, sin embargo, ese espacio de aire que necesitamos para ponernos nosotros mismos en foco y dar vuelta nuestra vida en la dirección que sea más sana para nosotros. Esa dirección conduce hacia adentro, no hacia afuera.

Si perseguimos la felicidad y ciframos nuestro bienestar y realización personal en algo que está afuera de nosotros, a la larga nos frustraremos. Del mismo modo, si buscamos la felicidad solamente en la gente, las relaciones, el dinero, el éxito o la aclamación, encontraremos que éstas son riquezas que empalidecen muy rápidamente. Tal como la Creación le dijo a Agustín cuando buscaba la felicidad, "Nosotros no somos el Dios que tú buscas. Debes buscar más allá de nosotros"; o como dijera Dag Hammarskjold: "Somos buenos para explorar el espacio exterior, pero pobres cuando se trata del espacio interior." De modo que explora tu espacio interior. Es más difícil, pero a la larga más satisfactorio. Puede darnos un sentido de propósito para nuestras vidas, un propósito que confiera a nuestras vidas un significado profundo, nos dé energía, nos entusiasme, nos haga capaces de seguir adelante. La gente encuentra esta entidad vital, intangible, de muchas maneras distintas: en el amor hacia los niños y de los niños hacia uno, en el servicio a otros, en la creación de algo original y hermoso. Pero casi siempre a la vida se le encuentra un significado en el amor hacia otro.

Hace poco tiempo, pregunté a un grupo de jóvenes en qué cosas ellos encontraban significado y propósito para sus vidas. Sus respuestas fueron iluminadoras. Muy pocos hicieron alguna referencia directa a Dios. Sin embargo, muchos de los que recibieron la pregunta encontraban destellos de Dios en la belleza de los espacios abiertos, en la contemplación de la naturaleza, en las puestas de sol, en las flores, en los bebés, en los animales, o simplemente en caminar solos. Unos pocos usaron las palabras de Brendan Behan, el renombrado dramaturgo irlandés, y dijeron que se sentían "católicos de turno noche", es decir, que solamente rezaban en la oscuridad. Los que vengo de mencionar, junto con el desierto, pueden ser algunos de los lugares donde los jóvenes pueden experimentar la presencia de Dios en sus vidas. Hay otro lugar, que se ejemplifica en una fábula popular africana.

Dos hermanos querían ir a un país lejano para hacer fortuna y antes de partir de viaje pidieron la bendición de su padre. La recibieron, pero el padre les sugirió que en el camino fueran dejando marcas, para no perderse cuando quisieran regresar a la casa. El hermano mayor salió de viaje y a lo largo del camino fue dejando marcas en los árboles a medida que se alejaba. El hermano menor tomó otro camino y fue quedándose en las casas de distinta gente, haciéndose amigo de los niños y de las familias con quienes se iba encontrando. Después de un tiempo, los dos hermanos regresaron a su casa, donde su padre les dio la bienvenida. Quiso ver las marcas que sus dos hijos habían ido dejando en el camino. El hijo mayor le mostró los distintos tipos de marcas que había ido haciendo en los árboles durante su viaje. Los dos recorrieron una gran distancia sin comer nada en el camino. Cuando volvieron a su casa, lo hicieron con las manos vacías. Cuando el padre salió con su segundo hijo para que le mostrara sus marcas, los dos fueron cálidamente recibidos por los amigos que el hijo había hecho en las diferentes casas que había visitado en su camino. En cada lugar donde se detuvieron, se los trató como huéspedes especiales. Se carnearon corderos para agasajarlos. Fueron muy felices. Volvieron a su casa con muchos regalos, incluyendo carne y otras cosas. Entonces, el padre llamó a sus dos hijos y les dijo: "Queridos hijos. He visto el trabajo que han hecho. Haré los arreglos para la boda del que ha trabajado mejor." Se volvió a su hijo mayor y le dijo: "Hijo mío, creo que eres tonto. No te ocupaste de la gente. No hiciste ninguna marca que tuviera valor." Y al más joven le dijo: "Tú dejaste marcas buenas y duraderas en cada lugar por el que fuiste."

Los jóvenes pueden percibir algún sentido de lo que Dios significa a través de las personas y de los pares que van encontrando a lo largo de su camino. Pueden quizá recibir el don de discernimiento de D. H. Lawrence, que dijo: "El hombre tiene necesidades pequeñas y necesidades más hondas." Hemos caído en el error de vivir para nuestras necesidades pequeñas. Casi hemos perdido la noción de que puede haber en nosotros necesidades más hondas. Algunos personajes literarios y de la fe pueden ayudarnos a regresar al sendero correcto. Saul Bellow, en su libro *Henderson, el Rey de la Lluvia (Henderson, the Rain King)*, nos presenta un personaje, Henderson, que tiene una voz interior que constantemente le grita "Quiero, quiero" pero nunca le dice qué es lo que quiere. San Agustín señaló cuál puede ser esa necesidad: "Nos hiciste para ti y nuestros corazones estarán inquietos hasta que encontremos descanso en ti." Quizás el mismo Cristo nos dio la respuesta más completa: "El que rehúsa creer en el Hijo no verá la vida" (Jn 3, 35).

BUSCANDO LA SATISFACCIÓN EN LA VIDA

Adopte una posición que mantenga la cabeza y la columna dorsal erguidas... El circuito del cuerpo cerrado... todo el cuerpo en posición y alerta, aunque al mismo tiempo relajado y cómodo.

Sus ojos deben estar cerrados o entrecerrados. Si los mantiene entrecerrados, fije la vista en algún objeto, como podría ser la llama de una vela o un crucifijo. Las manos, ligeramente plegadas, deben descansar sobre su regazo. Hay algunas personas a quienes les da buen resultado meditar mientras caminan. A mí me gusta esto, pero recuerden que, si bien los claustros monásticos fueron hechos con este propósito, es dudoso que pueda lograrse una abstracción completa mientras el cuerpo se está moviendo.

Primero concéntrese en su respiración, porque tranquiliza el cuerpo y ayuda a la concentración. También desarrolla la fuerza interior. Ahora, llene el cuerpo con aire hasta su capacidad máxima y vacíelo tanto como pueda. Comience a respirar lenta y profundamente, con los labios ligeramente abiertos, inhalando por la nariz y exhalando por la boca. Cuente cada respiración, no pensando en otra cosa que en la cuenta. Piense en su mente como si fuera una laguna, cuya superficie, cuando soplan sobre ella los vientos del enojo o el deseo, es incapaz de reflejar el sol. Usted está buscando un reflejo interior de la bondad de Dios en su vida.

Ahora, empiece la meditación. Traiga a su mente algunas personas que conozca, que poseen muy poco de los bienes de este mundo y sin embargo parecen ser felices. Pregúntese qué los hace felices. Puede pensar en algún personaje de la historia o en alguien sobre quien haya escuchado o leído recientemente. Quizás alguien como Brian Keenan o Terry Waite, quienes fueron sometidos a cautiverio pero lograron encontrar un gran gozo cuando los trasladaron de celdas sin ventilación a otras donde podía verse un pedazo del cielo. ¿De dónde sacaron su sensación de paz?

Ahora, piense en personas que son básicamente infelices aunque parecerían tener todo lo que puede pedírsele a la vida. Pueden tener salud, riqueza y libertad. Trate de pensar de dónde viene su insatisfacción. Escuche sus quejas. Recuerde acontecimientos en su vida que debieran haberlo hecho feliz pero no lo hicieron. Ahora siéntase agradecido por las cosas que hizo hoy. Es imposible estar agradecido y sentirse infeliz.

MARÍA MAGDALENA EN EL JARDÍN
(Evangelio de san Juan 20, 11-18)

Tranquilícese de la manera habitual y tome conciencia de los ruidos que pueda escuchar afuera de la habitación. Después de un tiempo, deje que su atención se vuelva hacia adentro y note los sonidos que provienen de la habitación donde está. Por último, lleve su atención aun más hacia adentro y vea si puede oír algún sonido en su propio cuerpo. Puede ser que escuche el sonido de la respiración mientras entra y sale suavemente por sus fosas nasales. Preste atención a su respiración porque hacerlo lo ayudará a llegar al silencio. La palabra reveladora de Dios muy a menudo se recibe en el silencio. Ahora empiece la meditación.

Imagínese a María Magdalena en el jardín, la mañana de la resurrección. Jesús está vivo solamente en su memoria. Aparte de eso, ha muerto y ella se siente desconsolada. Entonces, Jesús se le aparece, pero ella está tan cerca que no lo reconoce. No puede creer que Él venga a ella. ¿Puede estar sucediendo lo mismo conmigo y con usted? ¿Ha intentado Jesús ser una presencia activa en nuestras vidas durante estos últimos meses, sin que nosotros nos diéramos cuenta? Tal como Jesús nos ha dicho a través del profeta Jeremías: "Me buscaréis y me encontraréis cuando me solicitéis de todo corazón: me dejaré encontrar de vosotros (oráculo de Yahveh)" (Jr 29, 13-14). Intente abrirse a la palabra de Cristo en su corazón durante un rato y después termine la meditación.

LA MEDITACIÓN DE LA TOALLA

Utilice alguno de los ejercicios preparatorios.

Imagínese que está sosteniendo una toalla en sus manos. Es una hermosa toalla, de color y diseño atractivos. Piense en la historia de la vida de esta toalla. La mayor parte del tiempo la pasa cuidadosamente doblada, guardada, limpia, tibia y segura. Pero de ese modo no sirve de nada a nadie. La toalla es verdaderamente útil cuando se la saca al mundo frío, se la abre, se la despliega y alguien la envuelve en su cuerpo. Es muy probable que la persona que la usa se sienta incómoda porque su cuerpo está mojado. La toalla absorbe toda la humedad sin quejarse.

La persona que usó la toalla para secar toda la humedad de su cuerpo probablemente no se sienta agradecida hacia la toalla. Es muy posible que la toalla quede sobre el piso, hecha un bollo, y que allí alguien la pise. Después, viene la confusión de la máquina de lavar, donde la toalla da vueltas, se retuerce y se anuda. Piense en el movimiento, el ruido, la conmoción que tiene que soportar. Por fin, después de mucha turbulencia, se encuentra al sol, desplegada en todo su ancho y largo. Al terminar el proceso, la toalla no se siente usada, abusada o disminuida en su valor. Ha obtenido su recompensa. Puede volar al impulso de la brisa fresca, y calentarse en la tibieza y brillo del sol. Simplemente es.

Esto es lo que más le gusta a la toalla. Esto es lo que hace que su vida valga la pena.

Repase la historia desde el principio una vez más. Pero esta vez la toalla es usted. Piense en los momentos cuando se sintió usado, dañado abusado. También piense en las veces cuando sintió que la gente lo tiraba al piso, sin tener en cuenta sus sentimientos, porque ya no les servía de nada. Ahora, intente recordar algún momento de su vida cuando fue lavado. Y también cuando estuvo al sol y volvió a recuperar su auténtico valor. Dé gracias a Dios por esos momentos. Deténgase en esto todo el tiempo que pueda... ¿no se siente mejor ahora?

LA LÍNEA HISTÓRICA
DE NUESTRA FE

Conócete a ti mismo.

Inscripción en el templo de Apolo, Delfos

Tony de Mello, de vez en cuando, recomendaba que echáramos una mirada retrospectiva sobre nuestras vidas, para que viéramos si esta acción podía enseñarnos algo sobre las maneras en que Dios había actuado en nuestra historia personal. El padre John English, un jesuita canadiense, recomendaba lo mismo. Creó lo que podría denominarse una "línea histórica de la fe". Usted puede encontrar que le resultará útil. Sucede con mucha gente. ¿Cómo poner manos a la obra en un proyecto de este tipo?

La idea es, básicamente, dejar que su mente regrese y recorra, en oración, los años de su niñez, de su juventud, su edad adulta y los últimos años de su vida. Intentaremos ver los hechos o las personas que hayan sido señales de Dios para nosotros durante esos períodos. De manera que, durante mis períodos de oración, dejo a mi mente detenerse en cientos acontecimientos o personas que hayan influido sobre mí para mi bien, e intento a ver a Dios actuando a través de ellos en las situaciones sobre las que estoy meditando. Si esto me da una comprensión más clara de la presencia activa de Dios en mi vida, ofrezco mi gratitud por la persona o el momento cuando me sobrevino esa conciencia profunda de la bondad divina.

La idea es que usted trace una línea horizontal por el medio de una gran página en blanco, como se muestra en la ilustración que aparece en la página siguiente. Luego, marque las diferentes zonas de su vida a lo largo de la raya; por encima anote el acontecimiento sucedido en esa zona que le parece significativo, y por debajo de la raya intente delinear el significado que pueda haber tenido ese acontecimieto en relación con su fe. Mientras busca descubrir dónde actuó el dedo de Dios en su vida durante esa fase, rememore a personas o hechos que pueden haber sido los portadores de Dios para usted. Por ejemplo, al principio de la línea puede marcar los primeros recuerdos que tenga de su infancia. Su próxima anotación puede referirse a algún hecho posterior, cuando todavía era un niño, otro durante su adolescencia, y otro más para sus años adultos (si ha llegado hasta allí). Cada una de sus anotaciones representa un momento especial en su vida.

Para que esta experiencia tenga un significado más profundo, se recomienda que elija un pasaje pertinente de las Escrituras para ayudarlo profundizar el ejercicio de oración. Yo he elegido algunos pasajes de los Evangelios que puede usar al hacer este ejercicio usted mismo. En esencia, entonces, aquí estamos tratando de entrar en contacto con la historia de la acción de Dios en su vida, porque, si creemos que Dios está constantemente intentando comunicarse con nosotros, también podemos tener el deseo de clarificar cuándo se produjo cada comunicación y cuál puede haber sido su significado para nosotros.

Acontecimiento

INFANCIA	NIÑEZ	PUBERTAD	ADOLESCENCIA	MADUREZ	VEJEZ
Me perdieron en la costa del mar.	Me contaban historias sobre Jesús de joven.	Mi familia extensa me alimentó y crió.	Fui llevado al campo.	Reflexión sobre personas que me han dado vida.	Pienso en un acontecimiento.

Salmo 139   *Lc 2, 39-40*   *Lc 2, 25-32*   *Lc 2, 51-52*   *Lc 4, 16-30*

Significado para la fe

Dios me cuidó aun en mi edad más temprana.	Se estaba desarrollando en mí una imagen positiva de Dios.	Se me mostró la bondad de Dios.	Vi a Dios en la belleza de la naturaleza.	Vi a esas personas como dones de Dios para mi renovación.	Dios me dio su gracia en ese acontecimiento.

Por eso, entonces, puede resultarme significativo reflexionar sobre distintas etapas de mi vida y, si hay acontecimientos o personas que me vienen a la mente durante esta reflexión en espíritu de oración, simplemente me quedo con la escena o imagen que recordé antes de dar gracias por aquellos que lo hicieron posible.

He estado usando este ejercicio durante los últimos meses, mientras trabajaba con grupos de reflexión en África. Los participantes encontraron que esta actividad les resultaba fascinante y llena de poder. Para explicarles el significado de la "línea histórica de la fe", yo mismo reflexioné sobre la cronología de mi propia fe y les relaté incidentes de esas historias, para que ellos pudieran hacer lo mismo. Descubrieron que les resultaba más fácil desplegar una gran hoja de papel, ponerla en el suelo y trazar a lo ancho una larga línea por la mitad de la hoja. Después marcaron los acontecimientos de sus vidas más o menos de la manera como se copia a continuación.

EL HECHO
(descripción del hecho en pocas palabras)
__ Infancia
__ Niñez
__ Pubertad
__ Adolescencia
__ Madurez
__ Vejez

EL SIGNIFICADO

(Qué significó este episodio para mí en mi vida de fe.)

Hecho Uno. Infancia

Cuando llevo mi mente hacia las memorias de mis primeros años de vida, hay una imagen que se me presenta sobre todas las otras. Tenía en ese momento unos tres años de edad y había salido de vacaciones con mi familia, a una playa rocosa de Irlanda. Según lo que me han contado, de algún modo yo me las arreglé para alejarme del grupo de mi familia, y mi ausencia se notó sólo un rato después. Un gran camión con altoparlantes empezó a recorrer la playa anunciando a todos los que estuvieran allí que un niño pequeño que pronunciaba su nombre como si dijera "Sony" había sido encontrado y ahora se encontraba en el convento local. Cuando mi madre finalmente me ubicó, yo estaba sentado en un banco, contra la pared de una sala del convento, y una de las monjas me estaba dando chocolate. Aparentemente, yo parecía estar muy contento conmigo mismo. Cuando pienso en este incidente ahora, lo que más me sorprende es que, aun en una etapa tan temprana de mi vida, veo que Dios se había ocupado de cuidarme. Puedo reflexionar y rezar sobre todo esto como parte de mi historia de fe y tomar un pasaje como el salmo 139 (versículos 13-14). El significado para mí es que Dios me cuidaba desde el principio y sigue cuidándome, aun hasta el día presente.

Hecho dos. Niñez

Aquí uno intenta nuevamente ver dónde pudo haber estado presente Dios en su historia personal. Elijo un acontecimiento de mi niñez y trato de ver si tiene sentido para mi fe ahora, en retrospectiva. También puedo elegir un pasaje de la Biblia y ver si éste puede arrojar más luz sobre el significado del episodio. La escena que me vino a la mente mientras reflexionaba sobre el pasado de mi vida fueron las noches que pasábamos en casa cuando yo era niño, cuando mis hermanos y hermanas se sentaban alrededor del sillón de mi padre mientras él abría un libro que narraba historias sobre la infancia de Jesús. Todavía puedo ver en mi memoria las ilustraciones de ese libro, que representaban a un pequeño niño Jesús lleno de energía. Mientras pienso y rezo sobre esta escena, tomo conciencia del modo como se desarrollan las imágenes de Dios en cada uno de nosotros y me siento especialmente agradecido de que las primeras imágenes que me fueron dadas hayan sido las de un personaje joven, atractivo, lleno de amor. Sé, por mi trabajo con muchas personas, que esta imagen dista mucho de ser universal. No es la que otros han disfrutado. Me hubieran podido transmitir la imagen de un Dios hosco y severo, que afectara permanentemente mi manera de ver y pensar al Creador. Por eso, en este sector de mi vida, reflexiono en espíritu de oración sobre Lucas 2, 39-40 y doy gracias por haber recibido una imagen que me ayudó y no fue un obstáculo en mi futuro crecimiento en la fe. Todos dependemos de otros en el tipo de imagen que tenemos de Dios. Yo agradezco la imagen que se me dio en mi niñez, y doy gracias por aquellos que me la dieron.

Hecho tres. Pubertad

Mientras rezo sobre esta etapa de mi vida, hay una imagen que se presenta de manera clara en mi mente. Recuerdo a mi abuela anciana que, al menos en mi memoria, se vestía siempre con ropa negra, triste. Tenía un hermoso ornamento púrpura prendido en el pecho. Durante mis primeros años de escuela, iba a su casa todos los días para almorzar, porque ella vivía muy cerca de la escuela. La recuerdo amable, sentada todos los días en un gran sillón, después del almuerzo, con una lata de sus dulces preferidos junto a ella. Muy rápidamente se convirtieron también en mi dulces preferidos, porque ella nunca dejaba de mantenerme bien abastecido. Cuando pienso en esa escena, me sorprende el sentimiento de poseer una familia amplia y de haber sido inspirado por la sensación de la bondad de las personas que me rodeaban. Puedo evocar un pasaje de las Escrituras tal como Lucas 2, 25-32, donde Simeón espera pacientemente vislumbrar al Señor. Me sorprende con cuánta facilidad yo recibí una visión del Señor en la bondad y amabilidad de mi abuela.

Hecho cuatro. Adolescencia

Cuando se le preguntaba a un judío, en los tiempos antiguos, "¿Quién es tu Dios?", él siempre respondía "Dios es aquel que..." y contaba los episodios de las cosas que Dios había hecho con su pueblo. Lo importante para él eran las acciones de Dios en el mundo. Al avanzar en este ejercicio de oración, procuramos ver cómo Cristo puede haber estado interactuando con nosotros. Cuando reflexione sobre los años de su adolescencia, puede sorprenderle algún hecho o persona que, en algún sentido, fue Cristo para usted. Usted debe elegir su propio personaje o acontecimiento, pero yo recuerdo a un erudito jesuita que empleaba sus fines de semana de manera generosa, sacando a pasear por el campo a un grupo de estudiantes. En mi memoria, que puede no ser perfecta, recuerdo a ese joven jesuita que llevaba a grupos de nosotros a las montañas, el mar y los lagos que hay alrededor de Dublín. Fue durante esos años tempranos cuando desarrollé un sentimiento de la belleza de Dios que se me mostraba en la naturaleza. Ése fue el don que recibí. Quizá el Señor, durante ese tiempo, encontró que era más fácil mostrarme su bondad en la cambiante belleza de las estaciones que nos rodeaban. En el pasaje del Evangelio que elijo aquí, Lucas 2, 51-52, traigo a mi mente a Jesús en su juventud, mientras vivía una vida oculta con sus padres y crecía en sabiduría y estatura gracias al cuidado y el amor que ellos le dispensaban a manos llenas.

Hecho cinco. Adultez joven

Una vez más, usted elige un hecho o serie de hechos en los que Dios pareció estar presente en su vida de una manera especial. Para mí, la imagen que de inmediato me viene a la mente es la de mis primeros años de entrenamiento para convertirme en jesuita, inmediatamente después de haber terminado la escuela. Pasaba mi tiempo con un grupo de otros jóvenes, decidiendo si Dios nos llamaba a ser jesuitas. El lugar donde vivíamos era espartano y el horario al que nos ajustábamos sólo puede describirse diciendo que no nos dejaba un minuto libre. La energía y entusiasmo de mis compañeros me ayudaron mucho a hacer que aquella experiencia valiera la pena y a poner en foco la decisión que debía tomar. De modo que reflexiono sobre el don de la posibilidad de elegir que tuve por delante, y en especial doy gracias por aquellos que compartieron conmigo esa parte del camino. Al elegir un pasaje del Evangelio para este período de mi vida, me quedo con Mateo 3, 13-17, donde Jesús está Él mismo en un momento decisivo de su vida y recibe el apoyo de la amistad de Juan el Bautista en las difíciles decisiones que debía tomar.

Hecho seis. Adultez

Una vez más en la "línea histórica de la fe", usted está invitado a evocar situaciones o personas que son o fueron importantes para usted durante sus años de vida adulta. Esto le permitirá ver con mayor claridad cómo y cuando Dios actuó en su favor. Al evocar en oración este período de mi vida, me sorprenden de manera especial las personas de visión y con una mente abierta con quienes tuve la suerte de encontrarme. También me sorprende la habilidad de Dios para hacerse presente o mostrárseme en los momentos de dolor o crisis en mi vida. Recuerdo algunos episodios que arrojan luz sobre este asunto. Usted está invitado a hacer lo mismo. Fue en esta etapa de mi vida cuando me encontré por primera vez con Tony de Mello y con muchos otros de calidad similar a la suya, cuyas actitudes hacia la vida y sus visiones de Dios me han afectado de manera profunda. De Mello, tal como otras personas en esta etapa de mi vida, creía con firmeza que todo el tiempo nos están sucediendo hechos, para bien o para mal. En especial, Tony de Mello subrayaba que somos nosotros mismos los que elegimos apropiarnos de las características de estas situaciones que son para "vida" o para "muerte". También subrayaba que no debe preocuparnos demasiado si los viajes o caminos que uno elige nos acarrean deleites o problemas. Lo importante es viajar. Simplemente ir. Me parece que hay demasiada gente que queda atada a una rutina durante la mayor parte de su vida. Hacen lo opuesto a lo que De Mello recomendaba. Prefieren no moverse a asumir el riesgo. Como Moloc, un personaje del *Paraíso perdido* de Milton, deciden que en vez de ser menos prefieren no ser nada. Procuro ver si esto tiene un significado relacionado con la fe en mi vida.

Elijo un pasaje del Evangelio para ver si éste enriquece el significado del hecho. La escena que me viene a la mente aquí es el descubrimiento por Cristo mismo de su propio don, tal como se relata en Lucas 4, 16-30. Medito sobre mis éxitos y mis fracasos, y doy gracias por las áreas de mi vida en las que encontré una realización personal. También pienso en el ritmo de trabajo y de descanso en mi vida, y trato de descubrir si los dos elementos se mantienen en armonía.

Hecho siete. Los años recientes

Aquí vuelvo a elegir un pasaje de las escrituras, quizás un salmo, que pueda ayudarme a entrar en un proceso de contemplación y reflexión por medio del cual pueda encontrar a Dios de manera directa y llegar a comprender cómo se ha estado comprometiendo conmigo en las situaciones de mi vida. Quizá aquí sirva el Salmo 105. "Buscad a Yahveh y su fuerza, id tras su rostro sin descanso." Somos capaces de llegar a comprender que hemos sido hechos por Dios y para Él. Cuando avanzamos en dirección hacia Él, estamos en la longitud de onda correcta, como las palomas que vienen al palomar a descansar. Cuando nuestra vida avanza en la dirección equivocada, nos sentimos confusos y fuera de foco, casi como si avanzáramos a contramano en una autopista. En tales ocasiones debemos mantenernos alerta a las señales de "vuelva atrás", o a períodos de desolación porque están tratando de decirnos algo. Procure ser como san Ignacio de Loyola, que tuvo la habilidad para escuchar atentamente y con cuidado a una presencia interior muy honda en su ser. Era un constante y sensible oyente de la palabra de Dios.

LOS TALENTOS
(Mateo 25, 14-30)

Trate de recordar que, cuando está tenso, cargado, demasiado excitado o todo anudado, su cuerpo se da cuenta y hace subir la presión de su caudal sanguíneo. Su respiración se vuelve irregular, y todo su ser físico, mental y emocional sufre. Necesita tomar aire, calmarse y asentarse para relajarse y reflexionar en lo que el Señor puede estar tratando de decirle.

Primero lea la historia del Evangelio y prepárese para la oración. Entonces, empiece pensando en los tres personajes de la historia que recibieron talentos. Fíjese en las diferentes maneras en las que usaron ese don. Después de un tiempo, deje que su imaginación lo coloque en la escena del Evangelio. ¿Cuáles son los talentos que usted cree haber recibido de Dios? ¿Cómo los ha usado? ¿Fue usted generoso o egoísta en su uso? Hay personas que no reconocen sus propios talentos. El personaje que fue maldecido en la historia no es el que intentó y fracasó sino el que empezó teniendo demasiado miedo para asumir el riesgo. Trate de decirse: "Prefiero hacer el intento y fracasar, que no haber intentado nada." Hay personas que

146

tienen el gran don de poder desarrollar los dones de otros. ¿He traído a la conciencia de otros sus propios talentos durante los últimos meses? Si lo he hecho, doy gracias por eso. Si no lo he hecho, pido la capacidad de servir de mejor estímulo para los demás en el futuro.

"TÚ PUEDES LIMPIARME"
(Lucas 5, 12-16)

Señor Jesucristo, venimos a ti en meditación para descubrir quiénes somos y las posibilidades que Tú nos abres por delante. Ayúdanos a vernos con tus ojos, tal como Tú nos ves. Confiérenos fuerza y esperanza para la próxima etapa de nuestro viaje.

Primero, lea la historia en el Evangelio de san Lucas.

Colóquese en una posición adecuada y tranquilícese. Use alguno de los ejercicios preparatorios. En el silencio de su corazón, imagínese visitando el consultorio de su médico. Ha ido para hacerse un chequeo porque recientemente no se ha estado sintiendo bien. En su imaginación, acomódese en el consultorio de su médico y mírelo, escuchando cómo le dice cuáles son los resultados de las pruebas que le mandó hacer. Usted no está bien. En realidad, le queda poco tiempo de vida. El médico quiere que usted tome una conciencia clara de este hecho y se lo subraya. Ahora quédese tranquilo en su interior y evalúe sus sentimientos frente a la noticia que acaba de recibir.

¿Cuáles son sus sentimientos?

¿A dónde quiere ir cuando salga del consultorio?

¿A quién quiere darle la noticia primero?

Cuando les comunica la noticia a sus amigos, ¿cuál es su reacción?

¿Puede oírlos hablando de usted?

Si puede, ¿qué clase de cosas dicen sobre usted?

¿Cree que la noticia que ha recibido va a cambiar su forma de vivir el resto de su vida?

Tómese unos minutos para estar con Jesús y comparta sus sentimientos con Él.

LA MUJER ENFERMA
(Lucas 13, 10-17)

Primero, lea el pasaje de las Escrituras.

Después, empiece relajándose y acomodándose. Procure sentarse lo más derecho que pueda, dejando descansar sus manos frente a usted, sobre su regazo. Descruce las piernas y ponga sus dos pies bien asentados sobre el suelo. Tómese unos momentos hasta haber logrado esta posición. Se sentirá más cómodo si cierra los ojos pero, si usted lo prefiere, manténgalos un poco abiertos. Descubra la posición en que se sienta más cómodo. Ahora empiece a respirar de manera lenta y profunda; deje que el aire salga de su cuerpo con un suspiro audible. Imagine el aire al entrar por sus fosas nasales y bajar por la parte de atrás de su garganta, hasta sus hombros y al área del pecho. Siga con su imaginación el aire mientras da vueltas alrededor de su columna vertebral y continúa su camino hasta llegar al ombligo. Relájese cuando saca el aire, déjelo que fluya libremente. Su conciencia ahora está concentrada en su respiración natural. Deje que el aire entre y salga tranquilamente, a su propio ritmo. Concéntrese, al principio, en seguir el flujo de su respiración cuando entra por los agujeros de su nariz, se asienta, y después sale lentamente por su boca.

Piense en aquella pobre mujer y su condición. Durante dieciocho años la había acosado un espíritu de enfermedad, y estaba encorvada y no podía enderezarse. Piense en su vista y en su visión. Todo lo que podía ver, cada día, era solamente el pequeño pedazo de suelo directamente frente a ella. Debe de haberse sentido como un caballo con anteojeras. Apenas si podía ver más allá de su nariz. Por lo menos, lo sabía. Piense en los momentos cuando nosotros mismos hemos llevado anteojeras como consecuencia de nuestros puntos de vista y por nuestra forma de comportarnos. Qué cortos de vista hemos sido en nuestras acciones. Ahora, considere cómo el Señor, sin que ella siquiera tuviera que pedírselo, le cambió la visión y la vida. Quizá, pueda hacer lo mismo por mí si se lo pido. Cuando haya terminado la meditación, dé gracias al Señor por el tiempo que han pasado juntos.

LA MOCHILA

Este ejercicio de fantasía puede ser útil en un entorno escolar, cuando los alumnos ya están encaminados hacia los exámenes finales del año.

Cierre sus ojos y empiece a respirar lentamente, de manera bien profunda. adquiriendo la sensación de que su respiración se va haciendo cada vez más lenta. Ahora, imagínese que está respirando en una atmósfera tibia y que está relajado. Puede ayudarlo si se dice a sí mismo que está buscando la calma en su vida al inhalar y que espera eliminar la tensión mientras exhala. Relájese y aflójese. Si está haciendo este ejercicio de fantasía en una escuela, o en una habitación donde hay otras personas, es posible que escuche los ruidos que ellas hacen al moverse a su alrededor. Tal vez inclusive escuche toses o voces de personas que hablan en voz alta, pero no deje que esto interfiera con lo que usted está haciendo ahora. Durante su ejercicio de fantasía, usted invoca todos los sentidos que pueda. Éstos pueden ser una fuerza poderosa para ayudarlo a relajarse y para generar imágenes. En su imaginación, use la vista, los sonidos, los olores, el gusto, la temperatura, el tacto y sus sensaciones internas.

Ahora, empiece. Tome aire de manera profunda varias veces y deje que su cuerpo se relaje. En su imaginación, véase viajando por el campo. Lleva una mochila muy pesada. Observe el paisaje a medida que avanza caminando y adquiera conciencia de las cosas que se ven y que se escuchan, haciendo trabajar sus sentidos. Puede escuchar el canto de los pájaros o los mugidos del ganado. Puede ser que también sienta el olor del heno recién cortado. Después de un tiempo, toma conciencia del peso de la mochila que carga sobre su espalda. Construya el sentimiento de que contiene todas las ansiedades e inquietudes de su vida en su situación actual. Ahora, sáquese la mochila y déjela sobre el suelo, a su lado. Descanse durante un momento. Abra la mochila y saque cuidadosamente su contenido, una cosa a la vez. Examine con detenimiento cada cosa que saca de la mochila. Ahora vuelva a poner cada uno de los objetos en la mochila y átela de manera bien firme. Encuentre un lugar seguro para esconderla, porque va a seguir su viaje sin ella. Sienta que puede volver cuando usted quiera y recuperar su mochila si así lo desea. ¿Cómo se siente ahora, caminando sin la carga pesada? Tome conciencia de la sensación de liviandad y despreocupación. Vea si puede conservar esa sensación cuando vuelve al lugar presente.

CONVERSACIÓN CON JESÚS

Use un ejercicio para empezar.

Ahora inicie la conversación. Asumir ciertos papeles en la fantasía, como por ejemplo representando a un amigo que camina por la playa, nos ofrece una manera segura para entrar en contacto con pensamientos y sentimientos que de otro modo quedarían sin expresarse. El dolor de la separación se alivia con la posibilidad de volver a encontrarse. Ésta es una forma habitual de ir sacando con suavidad a las personas de un ejercicio de meditación o fantasía. Es importante que lo haga de manera lenta y sensitiva, de modo que el cambio entre diferentes estados de conciencia no sea demasiado abrupto. El silencio, después de una fantasía prescrita, puede a veces ser ensordecedor y no hay necesidad de apresurar al grupo para volver a la actividad. Permita al silencio madurar su propia recompensa.

Procesamiento de la fantasía. Si está haciendo esta meditación como parte de un grupo, quizás encuentre que puede ayudarlo procesar el material dándole a cada participante una hoja de papel y un lápiz para que cada uno escriba cómo fue para él. O quizá los participantes prefieran compartir su experiencia con algún otro miembro del grupo. Escuchar a su compañero es una habilidad que requiere práctica. Decidir si los miembros de su grupo podrán beneficiarse compartiendo de a dos sus experiencias es algo que usted debe juzgar. A veces, los miembros de un grupo encuentran que les ayuda mucho. En otros casos, sentirán que los demás se están entrometiendo. Algunos de los participantes pueden haber estado hurgando materiales demasiado personales para compartirse. En una situación escolar, algunos participantes encuentran que para ellos esta forma de oración es muy amenazadora y yo siempre trato de dar lugar antes de la sesión para que quienes sientan dudas puedan decidir si prefieren no participar.

Si bien por lo general recomiendo cerrar los ojos durante el ejercicio, hay personas a quienes esto les resulta difícil. Es como si perdieran el control de la situación, y por lo tanto puede provocar ansiedades. Ciertamente, no ayuda forzar este asunto e insistir en que los estudiantes cierren los ojos. Solamente pasando por el ejercicio de fantasía serán capaces de adquirir confianza, sabiendo que la experiencia es segura. Puede decir a los que encuentran que permanecer con los ojos cerrados es demasiado difícil para ellos, pero al mismo tiempo desean obedecer sus instrucciones, que pueden abrir los ojos de vez en cuando, si lo prefieren. Los ayudará a mantener la atención enfocada.

BIBLIOGRAFÍA

Abhishiktananda, *Prayer*, Londres, SPCK, 1972.

Baldwin, Joanna, *Learning about Retreats*, Londres, Mowbray, 1982.

Barry, William A., *Finding God in All Things: A Companion to the Spiritual Exercises*, Notre Dame, Ave Maria Prss, 1991.

Barry, William A., *Paying Attention to God: Discernment in Prayer*, Notre Dame, Ave Maria Press, 1990.

Barry, William A. y Connolly, William, *The Practice of Spiritual Direction*, Nueva York, The Seabury Press, 1982.

Carroll, Susan, *Group Exercises for Adolescents*, Londres, Sage, 1993.

Church, Connie, *Crystal Love*, Nueva York, Villard Books, 1988.

Cooke, Grace, *Meditation*, Londres, The White Eagle Publishing Trust, 1995.

Covey, Stephen R., *The 7 Habits of Highly Effective People*, Nueva York, Simon & Schuster, 1989.

Cummins, Norbert, *Freedom to Rejoice*, Londres, Harper Collins, 1991.

Davis, Roy Eugene, *An Easy Guide to Meditation*, Cork, Mercier Press, 1988.

Donze, Mary Terese, *In My Heart Room*, EE. UU., Liguori, 1982.

Downing, G., *The Massage Book*, Harmondsworth, Penguin, 1982.

Fontana, David, *The Elements of Meditation*, Dorset, Element Books, 1991.

Fontana, David, *The Meditator's Handbook*, Dorset, Element Books, 1992.

Freeman, Laurence, *Light Within*, Londres, Darton Longman and Todd, 1986.

Garfield, Patricia, *The Healing Power of Dreams*, Nueva York, Simon & Schuster, 1992.

Green, Thomas H., *Weeds Among the Wheat: Discernment — where Prayer and Action Meet*, Notre Dame, Ave Maria Press, 1984.

Hamilton-Merritt, Jane, *A Meditator's Diary*, Londres, Unwin Paperbacks, 1976.

Hart, William, *Vipassana Meditation*, San Francisco, Harper, 1987.

Hay, Louise, *You Can Heal Your Life*, Londres, 1988. (Hay edición castellana: *Tú puedes sanar tu vida*.)

Hebblethwaite, Margaret, *Finding God in All Things: Praying with St. Ignatius*, Londres, Collins, Fount Paperbacks, 1987.

Hughes, Gerard W., *God of Surprises*, Londres, Longman and Todd, 1986.

Hughes, Gerard W., *Oh God, Why?... Direction in Prayer*, Inglaterra, The Bible Reading Fellowship, 1993.

Johnston, William, *Being in Love*, Londres, Collins, Fount Paperbacks, 1989.

Johnston, William, *The Inner Eye of Love*, San Francisco, Harper & Row, 1984.

Kabat-Zinn, Jon, *Mindfullness Meditation for Everyday*, Piatkus, 1994.

Kamalashila, *Sitting, A Guide to Good Meditation Posture*, Glasgow, Windhorse Publications, 1988.

Le Shan, Lawrence, *How to Meditate*, Wellingborough, Turnstone Press, 1983.

Levine, Stephen, *Guided Meditation (Explorations and Healings)*, Bath, Gateway Books, 1991.

Lonsdale, David, *Eyes to See, Ears to Hear: An Introduction to Ignatian Spirituality*, Londres, Darton Longman and Todd, 1990.

Marlin, Brigid, *From East to West*, Londres, Fount Paperbacks, 1989.

Maryland Province of the Society of Jesus, *Place Me With Your Son: The Spiritual Exercises in Everyday Life*, Maryland, 1985.

Murgatroyd, Stephen, *Counselling and Helping*, Londres, Routledge, 1985.

Nash, Wanda, *At Ease with Stress*, Londres, Darton Longman and Todd, 1988.

Nash, Wanda, *People Need Stillness*, Londres, Darton Longman and Todd, 1992.

Novak, John (Jyotish), *How to Meditate*, EE. UU., Crystal Clarity Publishers, 1989.

Pennington, Basil, *Centering Prayer*, Nueva York, Doubleday, 1982.

Puhl, Louis J., *The Spiritual Exercises of St. Ignatius Based on Studies in the Language of the Autograph*, Chicago, Loyola Universuty Press, 1951.

Vallés, Carlos G., *"Ligero de equipaje." Tony de Mello: un profeta para nuestro tiempo*, Santander, Sal Terrae, 1987.

Vandana, Sister, *Waters of Fire*, Bangalore, Asian Trading Corporation, 1989.

Weitzmann, Kurt et al., *The Icon*, Londres, Bracken Books, 1982.

West, Serene, *Very Practical Meditation*, Pensilvania, Whitford Press, 1981.

Wilson, Jim, *First Steps in Meditation for Young People*, Londres, James Clarke & Como, 1957.

Wilson, Paul, *The Calm Technique*, Londres, Thorsons, 1987.

Zanzig, Thomas, *Learning to Meditate*, Winona, St Mary's Press, 1990.

OBRAS DE ANTHONY DE MELLO

Autoliberación interior

El canto del pájaro

Rompe el ídolo

Caminar sobre las aguas

La felicidad es hoy (Agenda perpetua)

Lo mejor de Anthony de Mello

Práctica de la oración

Redescubrir la vida (libro y video)

Serie *Reflexiones de Anthony de Mello*

Serie *Anthony de Mello responde*

Serie *Caminos de plenitud*

Anthony de Mello de la A a la Z

DE NUESTRO CATÁLOGO

Aprendiendo el lenguaje de la oración. Joyce Hugget.

Con las manos abiertas. Henri Nouwen.

De cara al muro. Presencia del zen. Jorge Bustamante.

El camino de Chuang-Tzu. Thomas Merton.

El poder del mantra. *Guía para la meditación*. John Main.

La voz interior del amor. Henri Nouwen.

Maranatha. El camino de la meditación. John Main.

Meditación cristiana. Práctica diaria. Laurence Freeman.

Meditando con Thomas Merton. Nicki Vandergrift.

Mi camino. El camino de las nubes blancas. Osho.

Pan en el desierto. Thomas Merton.

Paso a paso. Maha Ghosananda.

Pensamientos en soledad. Thomas Merton.

¿Qué es la meditación? Osho.

Retorno a las fuentes. Osho.

Un grito en busca de misericordia. Henri Nouwen.

Un viaje de siete días con Thomas Merton. Esther de Waal.

Venciendo el estrés. Archimedes Baccaro.

Se terminó de imprimir en el mes de noviembre de 1998
en el Establecimiento Gráfico **LIBRIS S. R. L.**
MENDOZA 1523 (1824) • LANÚS OESTE
BUENOS AIRES • REPÚBLICA ARGENTINA